JN099298

育てて愉しい蘭（ラン）の本

斉藤 正博

世界らん展 日本大賞(東京ドーム)出品作から

❶プレゼンターは島津 貴子さま　2013年 日本大賞 表彰式
❷リカステ・ショールヘブン 'ヨウコズ デライト' *Lycaste* Shoalhaven 'Yoko's Delight'　2008年 奨励賞　2009年 日本大賞
❸フラグミペディウム・コバチ 'セカンド スマイル' *Phragmipedium kovachii* 'Second Smile'　2013年 日本大賞
❹カトレア・トリアネ 'オカダ' *Cattleya trianae* 'Okada'　2008年 優秀賞　2013年 優秀賞

❺ユーロフィエラ・レンプレリアナ‘ヨウコ Y. サイトウ’
Eulophiella roempleriana ‘Yoko Y. Saito’ 2008年 日本大賞
❻グラマトフィラム・マルタエ‘マッシイズ’
Grammatophyllum martae ‘Mass's’ 2018年 日本大賞
❼マスデバリア・イグネア‘ウィンター フレーム’
Masdevallia ignea ‘Winter Flame’ 2015年 優良賞
❽パピリオナンセ・テレス‘グランディフローラ’
Papilionanthe teres ‘Grandiflora’ 2017年出品作品

❺

❻

❼

❽

日本各地の洋ラン展出品作から

❾カトレア・トリアネ‘オカダ’ *Cattleya trianae* 'Okada'　2011年 淡路夢舞台ラン展（奇跡の星の植物館）
❿パピリオナンセ・テレス fma. アルバ‘オオヤマザキ’ *Papilionanthe teres* fma. *alba* 'Oyamazaki'　2016年 大胡蝶蘭展（ハウステンボス）

11

12

⑪パフィオペディルム・ロスチャイルディアナム ‘アキコ’ *Paphiopedilum rothschildianum* ‘Akiko’　2010年 水戸藩開藩400年記念「水戸徳川家秘蔵の蘭」展（水戸市植物公園）

⑫グアリアンセ・オーランティアカ ‘ヨウコズ キャンディ’ *Guarianthe aurantiaca* ‘Yoko's Candy’　2013年 沖縄国際洋蘭博覧会（海洋博公園）

私の温室で咲いたラン　全日本蘭協会 栽培賞受賞作を中心に

⑬パフィオペディルム・チグリナム‘キャンドール プレデター’ *Paphiopedilum tigrinum* ‘Candor Predator’

⑭パフィオペディルム・サンデリアナム‘マキ’ *Paphiopedilum sanderianum* ‘Maki’

⑮パフィオペディルム・ケンイチ タカヤ‘ペコ’ *Paphiopedilum* Ken Ichi Takaya ‘Pecco’

⓰シクノチェス・ヘレンフサナム ‘ペコ’ *Cycnoches herrenhusanum* ‘Pecco’
⓱チシス・ブラクテッセンス ‘リバーサイド’ *Chysis bractescens* ‘Riverside’
⓲スダマーリカステ・シナバリナ ‘リバーサイド’ *Sudamerlycaste cinnabarina* ‘Riverside’

Contents

育てて愉しい蘭(ラン)の本

花ひらいたランが輝く斉藤正博の栽培スタイル

斉藤 正博　*Masahiro Saito*

小島 研二　*Kenji Kojima*

洋ランを理解する愉しみ
――基本５属の性質と育て方

AJOS

育てて愉しい蘭(ラン)の本

花ひらいたランが輝く斉藤正博の栽培スタイル

斉藤 正博

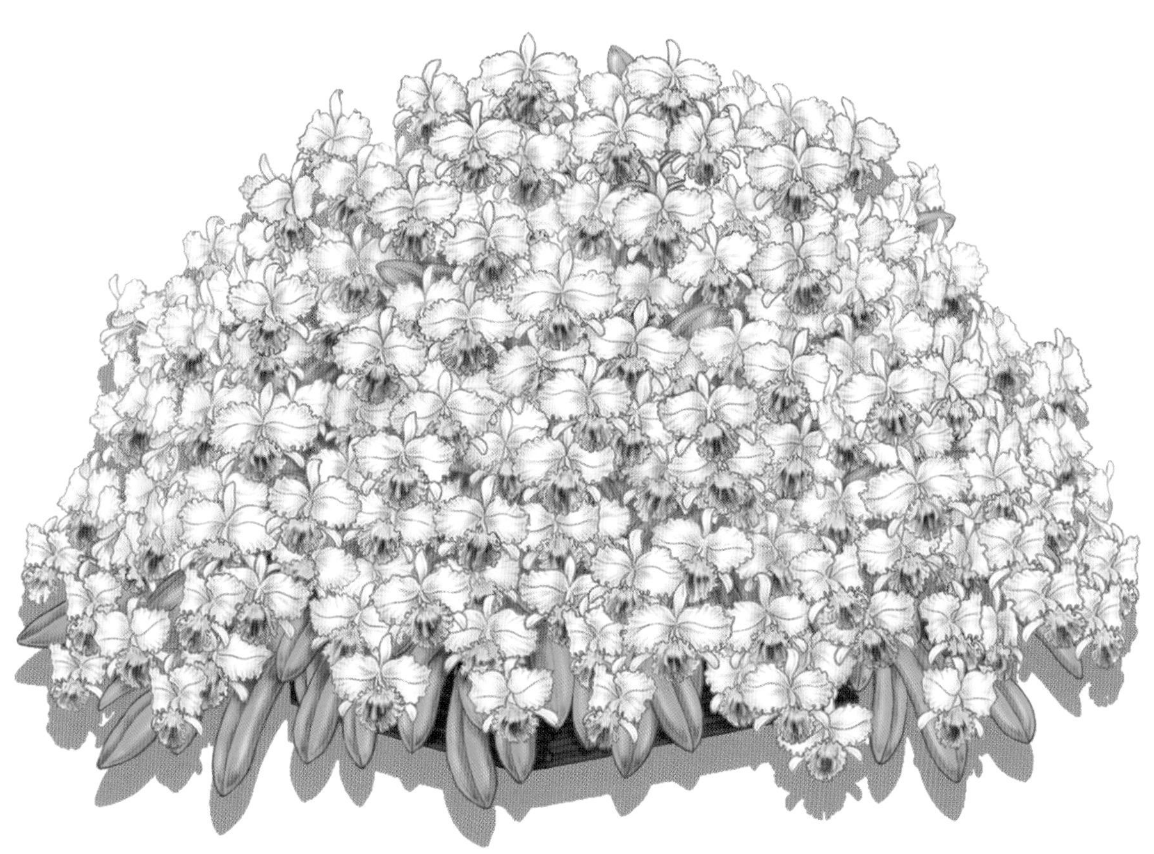

The orchid book of Dr. Masahiro Saito

ミルトニア・モレリアナ‘ポコ ポコ’ *Miltonia moreliana* ‘Poco Poco’ HCC/AJOS

自由で独創的なラン栽培の薦め

私は「個々のランが持つポテンシャルを最大限に引き出し、理想の花に近づけるにはどうすべきか」ということを長い間考えてきました。育てるのが難しいと言われるランが見事に生育し輝くような花を咲かせることもあれば、上手くいかないことも度々ありました。いずれの場合もその原因を探求し、記録することによって、明日の作業につなげてきました。私のやり方はこれまでのセオリー通りではないかもしれませんが、ランの楽しみ方を知っていただきたくて、あえてご紹介させていただくことにしました。

いかにしてランにのめり込むようになったか

私がラン栽培を始めたのは1991年のことです。きっかけは職場の同僚が度々届けてくれたファレノプシスでした。栽培方法が解らず、栽培解説書を読み漁りました。本の中には魅力的な花や不思議な形をした花がたくさん紹介されていて、私は徐々にランの虜になっていきました。書店に行くと植物関係のコーナーに直行するようになり、『蘭』という文字が使われている本はほとんど全て購入しました。そんな中で見つけた『絵で見る洋ランの咲かせ方』という一冊。この本が私のバイブルとなり、ラン栽培の道が開けました。以来10年近く、本を読みながらいつの間にか眠ってしまう毎日を送りました。

斉藤 正博

Saito Masahiro

全日本蘭協会会長、つくば洋蘭会会長、医学博士。世界らん展で最高賞日本大賞を2008年、2009年、2013年、2017年と4回受賞。各地の蘭展でも入賞多数。自身の体験を盛り込んだラン栽培についての講演は、ランを上手に育てたいと思っている人々から圧倒的な支持を得る。本業は医師（横瀬医院・茨城県筑西市）。

ラン栽培を始めた私は、植物との対話の楽しさを知りました。株の姿を見て、何かしてあげられることはないかと考え、実行してみました。肥料を与えて葉の色が変われば納得し、新しい葉や根が伸び始めればドキドキし、さらには綺麗な花が咲いてくれたら感激して写真を撮りました。

ラン栽培を始めてから5年が過ぎた 1996 年、私は地元の洋ラン愛好会に入会しました。ラン友を得、また周囲の影響も受け、まさに視界が広がりましたが、栽培に関する本質的な部分は変わりませんでした。いま振り返ってみると最初の5年間、指導者もラン友もいなかった事が、自分なりの栽培スタイルを確立できた大きな要因だったと感じます。この本ではこれまで私が実際に育てた体験を記しながら、ランの楽しさと栽培方法について私見を述べさせていただこうと思います。

ランに癒される私の栽培スタイル

1995 年頃から約5年間、私はいろいろな原種に興味をもって蒐集しました。性質の異なる多様な品種を栽培することは、栽培技術を学ぶ上で貴重な経験になりましたが、現在それらの多くは手元にありません。全てを上手く栽培するには、膨大な手間と時間が必要とされますが、その余裕がありません。自分の栽培環境でうまく育ってくれる品種だけが残っていくのは、趣味家としては仕方がないことかもしれません。

現在の目標は、無理なく栽培できる品種や自分の心の琴線に触れた花を選び、輝かせてあげること。簡単に言えば、理想に近い花を、できるだけ大株で咲かせることです。たくさんの賞をいただいている私を見て、アスリートのように、常に競争相手を意識して準備しているように一般的には想像されているかもしれません。しかし、競争を意識すれば精神的に疲れて、ランとの対話を楽しむ余裕がなくなってしまうでしょう。ランの手入れをしていると、不思議と心が和みます。ランを栽培するということ自体が楽しみであり、それにより癒されるから続けているのだと思います。この癒しの効果こそ、ラン栽培を皆様にお勧めする最大の理由です。

また園芸の面白いところは、主役は自分ではないという点です。これは子育てにも似ていることかもしれません。大きな花を咲かせようと濃い肥料やホルモン剤を使えば、根腐れが起きたり花が奇形になったりします。相手の様子を観察し、昔習った光合成と呼吸、肥料の三要素などを思い返しながら、できること、すべきことを考えていると、自然に良い花が咲い

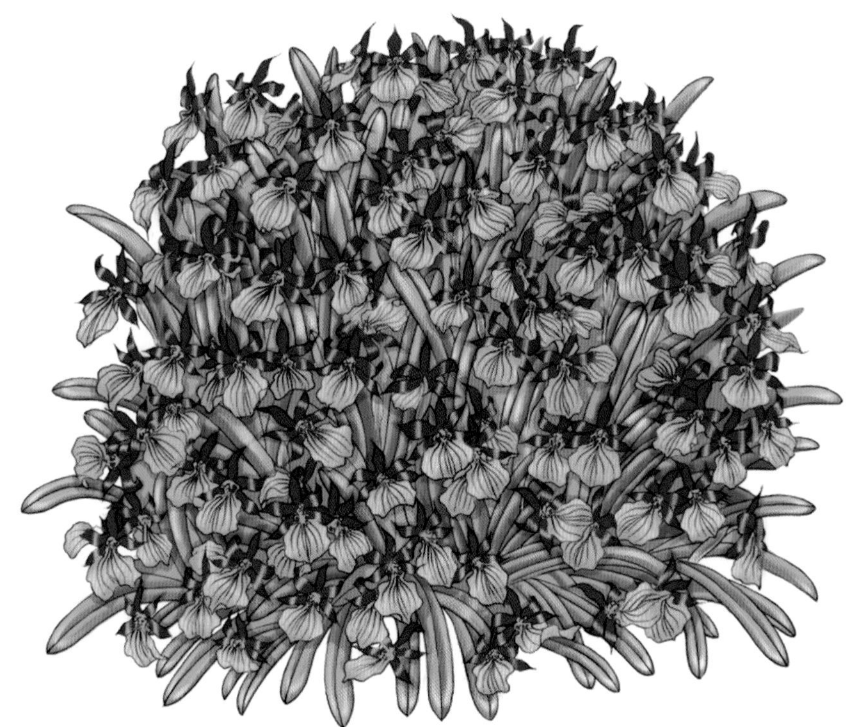

てくれるのですから不思議な感じがします。そんな私のランを、多くの方が「美しい」「豪華だ」と感じてくださったならたいへんありがたいことです。

私の栽培スタイルは、良くも悪くも自己流です。本だけを頼りにしているので、一般常識は非常識ということが度々起こります。例えば栽培を始めて数年経った頃、本で見た真っ白いパフィオペディルム・ゴデフロイエ var. アンソン（*Paphiopedilum godefroyae* var. *ang-thong*）の花に惚れ込み、生まれて初めてフラスコ苗を購入しました。現在流通している洋ラン苗の多くは、種まきや茎頂培養からある程度大きくなるまで無菌のフラスコ内で育てられ、それから外に出して栽培されたものです。無菌培養の世界から、雑菌がたくさんいて湿度の低い外界に突然出されるわけですから、上手く馴化できない株は簡単に枯れてしまいます。衝動買いをした私は、慌てて文献を調べました。フラスコから出す方法はわかりましたが、植え込む「ミックスコンポスト」という物を知りませんでした。ホームセンターで探したところ、シンビジウム用のものがすぐ見つかりました。しかし、どう見ても粒が大きすぎて、小さな苗を植えられるとは考えられません。そこで「ミックスコンポスト」の内容を説明した文章を頼りに周囲を探すと、「シャコバサボテンの土」があてはまるように感じられました。意を決して購入し、早速フラスコ出しした苗を植えたところ、予想以上に成績良好だったのです。一方、当時はパフィオペディルム・アンソンが高温性の品種だということも知りませんでした。たまたま「幼苗の管理は温度を高くするように」と書かれていたことを守り、高温性のファレノプシスと一緒に置いていたことが成功して、3年で開花に至りました。花は期待以上に素晴らしく、認定審査では88点と、びっくりするような点数をいただき、すっかり気を良くしました。

フラスコ苗の第一号に成功したことや、仕事の都合でラン専門店に足繁く通えないこともあって、私は早い時期からフラスコで苗を購入するスタイルを取ってきました。初期には、フラスコ出しした苗を定石通り寄せ植えにしていましたが、立ち枯れ病等に対する不安から、間もなく最初から一本ずつ個別に植えるようにしました。この方法によって植え替える手間が減り、開花までの期間も短縮できました。こんなふうに自己流で始めたラン栽培。今では、昼休みと仕事の後にランの世話をすることが毎日の日課になっています。

フラスコに入ったパフィオペディルムの苗

パフィオペディルム・ゴデフロイエ var. アンソン fma. アルバム‘アキコズ・デライト’（*Paphiopedilum godefroyae* var. *ang-thong* fma. *album* ‘Akiko's Delight' AM/AJOS）1995年に本を見て惚れこみ、フラスコ苗を購入した。

フラスコから出したばかりの苗（カトレア）

さまざまな種類のランを全てイキイキと育てることが趣味家の目標。

一斉に開花したパフィオペディルム・サクハクリ（*Paphiopedilum sukhakulii*）の実生苗。

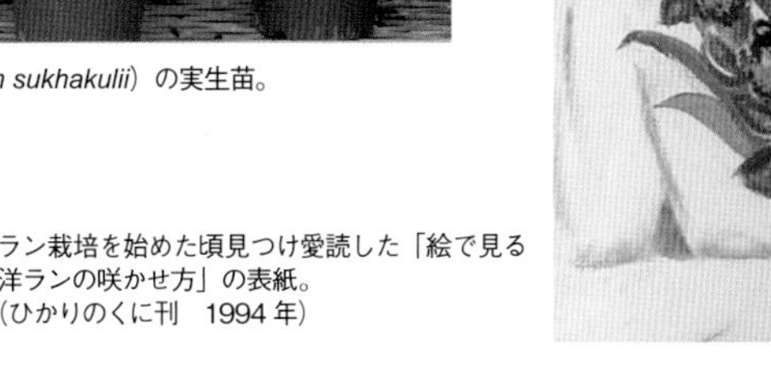

ラン栽培を始めた頃見つけ愛読した「絵で見る洋ランの咲かせ方」の表紙。
（ひかりのくに刊　1994年）

Orchid Story

オーキッドストーリー ①

ユーロフィエラ・レンプレリアナ

Eulophiella roempleriana 'Yoko Y. Saito'

日本大賞を受賞したユーロフィエラ・レンプレリアナ 'ヨウコ Y. サイトウ'
(*Eulophiella roempleriana* 'Yoko Y. Saito')

ヘゴの丸太に絡みつくように育った。

さてここからしばらくは実際に育てた個別のランについて紹介していきたいと思います。

1996年、私の温室でユーロフィエラ・エリザベサエ(*Eulophiella elisabethae*)が開花しました。株の姿や大きさ、花の咲き方はシンビジウムのような雰囲気で、薄ピンク色の美しい花でした。このランは1属2種と言われていましたので、もうひとつはどのような花なのだろうと思ったのがきっかけで、ユーロフィエラ・レンプレリアナ(*Eulophiella roempleriana*)の苗を通信販売で購入しました。届いたのは株高25cmほどの、シンビジウムのような姿の苗でした。当時はインターネットなどの情報が少なく、成株の大きさや開花時期さえも、全く不明のままのスタートでした。

栽培を始めて2年経つと毎年新しい芽が出るようになり、徐々に株の持つ性質が解ってきました。一番困ったことは、根茎(匍匐茎)が30～40cmもあって、直進することです。長いプランターに植えましたが翌年には飛びだし、直径50cmのバスケットに植え替えましたが、翌々年には再び飛びだす勢いでした。栽培を諦めようかと思ったちょうどその頃、アメリカのラン関連サイトである『Orchid Guide Digest』にユーロフィエラ・レンプレリアナの栽培方法を教えて欲しいという質問が投稿されました。1週間ほどすると、「直径1mほどの金属製バスケットに、刻んだ水苔にヘゴ屑を混ぜて植えると良い」という回答が掲載されましたが、私はダメだと直感しました。本種の栽培方法を誰も解っていないと感じた私は、とたんに興味が湧いてきて、「それならば、自分がこのランの育て方を研究してやろう」と決心したのです。

インターネットで再び検索し直すと、いくつかの情報を得ることができました。このランは、マダガスカルの高地で椰子の木のてっぺんの方に着いているというのです。いろいろ思案した末にヘゴの丸太を思いつき、新しい芽が向かったバスケットの縁に据え付けてみました。すると驚いたことに、その丸太に沿うように匍匐茎が上に向かって曲がり、抱きつくように根が伸びたのです。太い根が細いヘゴの根の中に入れず水分不足の兆候があったので、丸太の周囲に水苔を巻きパームシートで覆いました。その後は１日おきに灌水するだけで見る間に大きな株になり、毎年花が咲くようになりました。

当初は４月に開花していましたが、2007年にはどういう訳か、２月の世界らん展の直前に開花が始まりました。出品を決心したものの、高さが3m 近くもある大きな株なので作業はたいへんでした。友人の協力によってなんとか東京ドームに運びましたが、もう一点頭を悩ませたのは、蕾が多く開花数が少ないことでした。開花していない花茎を切るか残すか、最後まで悩みましたが、小細工は止めようと考えてそのまま出品することにしました。そして迎えた審査当日、一度ブルーリボンがつきましたが、なんとその後剥奪されるという顛末に。開花している花茎数が全花茎数の半分に達していないという理由のようでした。世界らん展の審査規定を何度も読み返しましたが、そのような記述は見つけられませんでした。

忸怩たる思いを胸に過ごした同年末、前年よりも一週間早く花芽が見えはじめましたが、念のため暖房機の設定温度を1℃上げました。明けて2008年、昨年と同じ株を再び世界らん展に出展します。取り上げられたブルーリボンを奪還しに行く意気込みです。ところが事前準備の段階で大問題が発覚しました。株がさらに大きくなったため、昨年はギリギリだった温室のドアを通過できないのです。温室の施工業者に依頼し、搬入日の朝９時に扉を外し、出入り口の柱を切ってもらいました。難関はまだ続きました。次は、車高の最高限度を3.8mとする道路法（車両制限令）です。株は上にも伸びて、高さはちょうど3.0m。必然的に、荷台の高さは80cm 未満となります。友人が用意してくれた低床1t トラックの荷台にランを直置きし、雨戸を大きくしたような壁でぐるりと四方を囲み、天井をつけ、ブルーシートで囲いました。準備に費やした時間はなんと４時間。ようやく出発するも、折悪しく午後には風が強くなり、利根川の橋を渡るときには大きく左右に揺れました。午後２時過ぎ、会場である東京ドームに到着。そこでもまた荷下ろしに１時間を要しました。

巨大な株を無事に搬入できたことは、多くのラン友による献身的な支援の賜物でした。花は満開でしたが、時間とともに色がくすんでくる花なので、昨年の方が美しかったと私には感じられました。翌日の審査では前年のリベンジを果たし、ブルーリボンの他に日本大賞まで受賞することができました。

世界らん展会場である東京ドームへの搬入作業。大きく育った株には難関がいくつも待ち構えていた。

(上)バスケットは床に直置き。株を養生した上で桟木に固定する。

(中) 周囲を囲うのも容易ではない。

(下) 東京ドームに到着し、開梱するために空きスペースに向かう。

オーキッドストーリー 

カトレア・トリアネ
Cattleya trianae 'Okada'

株は南側に向けて傾けて置く。後方から扇風機で風を送ると病気の予防に良い。

東京ドームに搬入するため積み込みを終えた株の様子。振動を和らげるために下にマットレスを敷いてある。

2008年には、もうひとつ大株を世界らん展に出展しました。カトレア・トリアネ'オカダ'(*Cattleya trianae* 'Okada')です。このランの記録を辿ってみたいと思います。

この株は1995年に東京ドームで、2花茎立ちの株を購入しました。交配種のようにも見えますが、ながいこと『トリアネ』もしくは『トリアネ'オカダ'』として知られ、普及している花です。1997年に水苔植えのまま薫炭で鉢増しし、根の数が増えた1998年には水苔を全て取り除いて水切ザルにバークで植えました。2001年には株が大きくなったため、今度はバスケットに植え替えることにしました。2月に花を切った後、株を上から吊り下げて、古いバークを丁寧に取り除きました。2週間ほどそのまま吊り下げておいた後、新しいバークでバスケットに鉢増しました。その後は順調に大きくなり、開花数も増えていきました(表参照)。理由は解りませんが、この花は数年に一度まるで脱皮したかのように、一回り大きくなる印象があります。

2006年には72輪開花したのですが、その際にこれまでに感じたことのない不満を感じました。ボリューム感が伝わって来ないのです。理由を考えてみたところ簡単なことでした。カトレアは花茎が短いので、大株になればなるほど、開いた花が他の花や葉と重なってしまいます。こちら側を向いた花は見えますが、側面や向こう側を向いた、全体の半数近い花が見えなくなっていたのです。

栽培に関しては特に難しさを感じない株ですが、このままでは大株にする意味がありません。何か良い方法はないかと考えていた時に頭に浮かんだのが、以前アメリカ蘭協会(AOS)の入賞花集(Awards Quartery)の中にあった、カトレアの大株を真上から写した写真でした。どうしたらあの写真のように全ての花を一度に見られるだろうかと考えた末に思い浮かんだのが、バスケットに傾斜をつけて置くことです。2006年の夏からこの方法を導入し、2007年1月に開花した様子を見て、これでうまく行くと確信しました。この年、花数は100

輪を超え、2008 年には 200 輪を超える勢いでした。これだけの花が咲くと、株を斜めに置いても、花が重ならないということは難しくなります。蕾が膨らみ開花する数日前に支柱を立て、盆栽用銅線を使って花の向きを誘導することにしました。開花して4、5日経つと花の向きが固まるので、今度は銅線を外します。毎日 15 輪くらいずつ開花してくるので、その作業がお昼休みの日課になり、世界らん展の直前に満開となりました。サイズはちょうどバン一台分です。輸送中に花が痛まないよう、前の晩に4時間かけて花を1輪ずつ薄紙で包みました。世界らん展ではユーロフィエラと激戦を繰り広げましたが、僅差で後塵を拝することになりました。

花茎の短いカトレアを平らに置いてしまったら、見る人の心には響きにくいものです。斜めに傾けることや吊り下げることはとても効果的なプレゼンテーションテクニックだと思います。

カトレア・トリアネ‘オカダ’の開花数

年	1997	1998	1999	2000	2001	2002	2003	2004	2005	2006
花茎数	4	4	4	6	6	10	11	20		26
開花数	11	10	13	13	15	25	36	48		72
年	2007	2008	2009	2010	2011	2012	2013	2014	2015	2016
花茎数		77					100			
開花数	136	233	236		244	246	289		280	250

株を大きくするポイントの一つは、新しい葉に強い光を当てること。新芽の伸びに合わせて、時々葉の組み替えを行う必要がある。

世界らん展日本大賞 2008 で優秀賞を受賞したカトレア・トリアネ‘オカダ’。葉がほとんど見えないほどの満作である。

リカステ・ショールヘブン

Lycaste Shoalhaven 'Yoko's Delight'

2003年6月、地元の洋蘭会でリカステ・ショールヘブン（*Lycaste* Shoalhaven）をグロワーズ苗として配布しました。10株ほど残ってしまった苗を引き取りましたが、欲しいとおっしゃる方に譲るなどして、結局5株ほどが私のところで開花しました。その中の一株が形の整った白色の花をつけ、2006年1月の審査でHCC/AJOSに入賞しました。

夏の間クール温室で栽培し、大切に扱っていたところ、毎年バルブが大きくなり、花数とともに花の質が向上しました。2008年の世界らん展日本大賞に出品し、奨励賞をいただきましたが、日本大賞と優秀賞をいただいた巨大な二株の陰に隠れて、記憶されている方は少なかったと思います。

前年目立ち過ぎてしまった反省から、2009年の世界らん展への出品は、目立たないようにしようと考えていました。さりとて「ディフェンディングチャンピオン」ですから、それなりの存在感は示しておかなければなりません。あれこれ迷った末、清楚で品のある花として、ちょうど見ごろを迎えていたこのリカステを選びました。2年続けての出品ですから、昨年よりは順位が下がるのが普通ですが、奨励賞はいただけるのではないかという予想でした。

あいにく、世界らん展直前に腸腰筋を痛めた私は、満足に歩けない状態に陥ってしまいました。体調が悪いと気持ちも乗りません。搬入前日、22時を過ぎてやっと出品準備のため温室に向かいました。

リカステはステムが伸びるときに傾けておくと俯き加減に咲くので、花の向きの調整は容易な品種です。しかし花数が多いと、なかなか簡単ではありません。改めて見直してみると、重なりあって見えにくい花がかなりあり、おおよそ一方向に向いて咲いてはいますが、満足できる状態ではありませんでした。そこで、支柱の立て方を工夫して花の向きと高さを調整することにしました。花の向きを調整するには、7㎝ほど離れたところで支柱を水苔に刺し、それから水苔の表面を走らせ、花茎の根元で縛ってから立ち上がらせると、花茎を捻るように固定することができます。また、花茎は完全な直線ではありませんから、カーブの強弱によって花の高さをある程度調節できるのです。どうしても重なってしまう花が3組あったので、大きさを測ったうえでそれぞれ小さい方を切りました。最後に葉の処理で悩みました。そのままでは邪魔ですし、元から切ってしまうとちょっと淋しい感じです。弓なりに誘引することで決着しました。こうした作業に約3時間。深夜1時を過ぎてやっと出品準備が整いました。

アレンジメントに最後まで苦心したこの花で、私は再び日本大賞を獲得しました。受賞の知らせを聞いて、とても意外な気持ちがした一方、作品としての完成度を追求したことを評価していただいたものと感じました。

支柱を立てる前の様子。

支柱を立てて調整した後の姿。

花の向きや高さを支柱で調整できる。

オーキッドストーリー 

レリア・アンセプス

Laelia anceps fma. *veitchiana* 'Fort Caroline'

レリア属は花茎が長いため、切り花や大株作りに向く品種として価値があると私は考えています。特にアンセプスは、花の形に風情があり色彩変異も多いことから、私が好きな品種のひとつです。日本では早春から新芽が伸びはじめ、11 月に花の盛りを迎えます。この花の難しさは、長すぎる花茎と花命の短さでしょうか。ラン展に出展する際には特にこの点をカバーする工夫が必要でしょう。比較的細い花茎が１ｍ以上にもなるため、乗用車での運搬には不向きですし、輸送中にはゆらゆらと揺れて花が傷みやすい点も頭痛の種です。

ある年のこと、その年は新芽の伸びはじめる時期が早く、梅雨明け前だというのに花茎が 40cm にも伸びていました。残暑の中で咲いてしまっては見栄えのしない花にしかならないだろうと考え、また来年がんばろうねと言いながら４本の花茎を折り捨てました。何かを期待していた訳ではありませんでした。ところが８月末にふと気がつくと、それぞれの株元から２本ずつ新芽が伸び始めていました。開花するかどうか半信半疑でしたが、例年よりもだいぶ遅い１月中旬に、なんと８花茎咲いたのです。花茎は短くなり、１花茎当たりの花数や花の大きさは例年通りでした。良いことずくめの変化に、すっかり嬉しくなりました。翌年も同じことをやってみたところ、やはり同じ結果でした。

私は、なるほど、と納得しました。春に伸びた花茎を折り捨てる時期は株の成長に合わせて行わなければなりませんが、7 月下旬が良いと思います。春の温度を高めにして芽出しを早くさせることと、直射日光のような強い光の下で管理することがポイントではないかと考えています。

2008 年 7 月にも花茎を 35 本ほど折り捨てました。年末には 80 本を越える花茎が上がり、2009 年 1 月中旬から順次開花し、1 月末に見頃を迎えました。この株をとうほく蘭展に出展したところ、河北賞（最優秀賞）をいただきました。

出展準備の済んだレリア・アンセプス fma. ビーチアナ 'フォート キャロライン'
Laelia anceps fma. *veitchiana* 'Fort Caroline'

MEMO

メキシコに自生するレリア･スペシオサ（*Laelia speciosa*）は、日本では栽培も開花させることも難しいことで知られています。私は冬の間の最低温度を 7℃とし、２月中旬から毎日、晴れた日は戸外に出して直射日光を当てています。５月中旬に開花した後は、午前中だけ直射日光が当たる戸外で栽培しています。ヘゴ棒に着けると根も元気です。

パピリオナンセ・テレス

Papilionanthe teres fma. *alba* 'Oyamazaki'

パピリオナンセ・テレス fma. アルバ‘オオヤマザキ’*Papilionanthe teres* fma. *alba* 'Oyamazaki'　世界らん展 2011 年個別審査部門優良賞（第三位）を受賞。

暖かくなったら戸外に出して、直射日光下で栽培する。

リゾームの長い品種に関しては『ネットで筒を作り、その筒に沿って螺旋状に這い上がるようにする』という先輩の栽培方法を踏襲していますが、単茎種、特にパピリオナンセ・テレス（*Papilionanthe teres*）の栽培はなかなか満足できませんでした。理由は、強光を好むことと成長点のすぐ下にしか花がつかないためと感じられました。どのようにして新しい芽を増やすかが問題です。

パピリオナンセ・テレスは、茎先を伸ばし放題にさせてしまうとどんどん上に伸びて、見栄えが悪くなってしまいます。私も以前、2m もの長さに伸びてしまったパピリオナンセ・テレスの栽培を諦め、戸外の棚の上に横倒しにして、夏の間放置したことがありました。秋になって、ふと見ると、途中から２芽が伸びていたのです。

これを見て感じるところがあり、翌年夏には先端を下向きに誘引し、秋まで直射日光にあてておいたのです。すると、ちょうど弓なりになったあたりから新しい脇芽が伸び出しました。どうやら水平になったあたりから芽が出やすいようなのです。

その後は毎年、梅雨の頃に外に出し、先端を下向きに誘引しています。夏の間に新しい芽が増えて、翌年には花をつける長さにまで成長します。2001 年に入手した株は、2008 年には 21 花茎をあげるまでに育ちました。

ふとしたきっかけから、茎を横向きにすると脇芽が出やすいことに気付いた。

オーキッドストーリー 

グラマトフィラム・マルタエ

Grammatophyllum martae 'Mass's'

2017年8月、関東や東北は雨天が続き、東京都心の日照時間は8月としては観測史上最短となりました。9月になって晴天の日は増えましたが、中旬には朝晩の気温が下がり、私の温室では、9月12日から一部の暖房を始めました。

暖房を始めるとともに、戸外栽培していたランを高温性のものから順に取り込んでいくのですが、グラマトフィラム・マルタエ（*Grammatophyllum martae*）を取り込もうとした私は、例年伸び始めている新芽が見当たらないことに気づきました。19年前に入手した時は小さな株で、3年後にやっと開花しました。株に比べて雄大な花穂と落ち着いた花色が気に入って、これまで大切に育ててきました。例年5月に開花し、直後と9月上旬の2回、新芽が伸びます。9月の芽が1月に完成し、少し休んでから花芽が伸びるので、開花は5月になるのです。

日照不足の影響で新芽が遅れているのだと直感しました。例年通り高温室（夜間最低温度20℃）に取り込めば、来年5～6月頃に花が咲くでしょう。一方、まだ新芽が動いていない今年は、このまま戸外栽培で温度を下げれば、休眠期に持ち込めるのではないかと考えました。しっかり休眠させ、低温と乾燥によって花芽を分化させれば、2月に開花させられるのではないか。いたずらっ子のような好奇心を感じて、私は鉢にかけた手を引っ込めました。そのまま10月中旬まで戸外栽培を続けたところ、予想通り新芽の動きは止まりました。最低気温が11℃まで下がった10月14日、カトレアの区域に取り込み、思い切って水を切ることにしました。夜間最低温度の設定は15℃です。11月10日までほぼ1月、ごめんねと念じながら潅水を我慢すると、さすがにバルブに皺が寄ってきました。いつまでこの環境で管理するか。未経験の管理ですから、自分の観察眼を頼りに推測するしかありません。休眠から目覚めるのに1月、花茎が伸びるのに1月、花が咲き揃うのに2週間と見積もり、12月1日に高温室へ移動することに決めました。

最低温度を5℃上げたからといって、すぐに変化が現れるわけではありません。徐々に潅水を増やし、時々株元を観察していると、予想通り、年末には17本の花茎が伸び始めました。勢いがつくと花茎は1日10cmほど伸びますが、最終的には2.8mにもなるので、伸びきるまでは時間がかかります。1月下旬になってはじめて、世界らん展に間に合う確信が持てました。とは言っても、作品としての完成度を上げる、仕立ての作業はこれからが勝負です。花茎が伸びて弧を描くようになる直前に株を南に傾け、花茎の向きを揃えます。同時に、仮の支柱を立てて花茎の間隔を調整しますが、あくまでも自然な雰囲気が大切です。花が咲き始めると少しずつ傾きを元に戻しながら、すべての花が重ならないように、前を向いて咲くように、誘導していきます。今回、最終的には850輪の花が咲きましたが、この品種は太陽に向かって咲く性質が強いため、花の向きを揃えることは比較的容易でした。

日本大賞を受賞したグラマトフィラム・マルタエ‘マッシイズ’
Grammatophyllum martae 'Mass's'（P3にも写真を掲載）

一方、支柱探しには苦労しました。太さと長さだけでなく、輸送時の衝撃で花茎が折れないような適度な弾力性も欲しい、と考えたからです。あちこち探し回った末に、ちょうど良い太さの布袋竹を見つけました。前日に支柱立てを行い、最後の問題は搬入方法です。重心が上にあるので転びやすい上に、花茎が長く細いので、揺れによって花茎が折れたり、花に傷がつく心配がありました。これまで経験した中でもかなりの難問でした。大きなL型の台に株を固定し、花穂を花束のように纏めて輸送した結果、無事東京ドームに到着できました。

大きな会場に置いてみても、かなりの存在感がありました。ちょっと渋めの花色を良しとしていただけるかどうか不安でしたが、翌日の審査では日本大賞に選んでいただきました。

オーキッドストーリー 7

カトレア・ルデマニアナ

Cattleya lueddemanniana fma. *alba* 'Mantelini'

優良賞を受賞したカトレア・ルデマニアナ fma. アルバ 'マンテリーニ'
Cattleya lueddemanniana fma. *alba* 'Mantelini'
吊り鉢のカトレアには風情が感じられる。

この株を手に入れたのは1998年。当時カトレア・ルデマニアナのアルバ（白花）は希少で、日本では数個体しか知られていませんでした。新しい個体名に興味を持ち、2バルブの分け株を入手したのでした。翌年から花は咲きましたが、期待していたような立派な花ではありませんでした。なんとか良い花を咲かせたいと鉢増しを重ね、2005年には古紙鉢にクリプトモスで植えてみました。結局のところ、満足できる花は咲かず、次第に興味が薄れました。数年後、3本の芽が鉢の外に飛び出していることに気づきました。一体どうしたものかと考えた末、遮光ネットをねじりながら、鉢の外側にターバンのように巻いてみました。1年後、遮光ネットにそっと触れてみると、かなり密に根が張っていることがわかりました。この調子なら、重くない大株ができそうです。丁寧にクリプトモスを取り除き、吊り鉢にして、2年毎に遮光ネットを巻き足しました。

カトレアは光を好みますので、大株になればなるほど、全ての葉に満遍なく光を当てることが大切になります。カトレア・ルデマニアナのような春咲き品種は特に、冬季にどのような光の管理をするかによって、花の良し悪しが決まります。私のやり方は、夏にはほぼ水平で管理し、秋には低くなる太陽を追いかけるように、株に傾斜をつけていくのです。植え込み材料が軽いおかげで、こうした操作がしやすい点はたいへん助かります。とは言っても、良いことばかりではありません。株を傾けると、花が一斉に咲かなくなるのです。平らに置いてある株なら、こまめに株を回転させれば、一斉に咲かせることができます。ところが株を傾けてしまうと、株に表と裏が出来てしまって、回転させることがたいへん難しくなります。午前と午後の温度差によって、回転できない大株は西側から咲いてきます。

この品種の一番の欠点は花持ちが悪いこと。白い花は比較的長い方ですが、それでも2週間が限界です。西側から咲いてきて、東側の最後の花が開くまでに10日ほどかかるので、全てが開花している状態は3、4日しかないのです。毎年少しの差で個別審査を諦めてきましたが、2018年にはベストのタイミングで、世界らん展の審査がありました。

とは言っても、大株の出展は容易ではありません。支柱は?花養生は?運搬は?直前になって出展を決めたので、次々と問題が出てきます。輸送中に花弁と花弁が擦れると、白い花は弁縁の茶色が目立つので、薄紙で一輪一輪を包んで養生するのが原則です。ところが、今回はびっしりと咲き揃っているので、花を包む作業中に花弁を擦ってしまうリスクが予想されます。結局、支柱は立て、花養生はしないことに決めました。運搬は、根がびっしりと張った古紙鉢にちょうど合うプラ鉢をお神輿の上に固定し、そこに落とし込んで固定しました。ドームでトラックの扉を開けるまでは不安でしたが、ほとんど花傷みなく運ぶことができました。

もともと着生植物ですから、吊り鉢で咲かせたカトレアは風情があって、私は大好きです。世界らん展でも、優良賞（三位）をいただきました。

古紙鉢（中央）の周囲にターバンのように幾重にも巻かれた遮光ネット。

Orchid World

「愛好家仲間との国際交流」広がるランの世界

1998年に全国区の蘭協会に入会すると、それまでは漠然と楽しんでいた洋ラン栽培をさらに深く楽しむ方法を教えられました。特に、以下の三つの言葉に共感を覚え、ラン栽培における自分の信条として、力を伸ばしていこうと決心しました。

・世界中の仲間と交流する

・趣味家の本分は栽培賞にある

・育種ほど奥の深い楽しみはない

それぞれについて、ご紹介していきたいと思います。

国際交流

外国の方との交流は、初期は先輩を通して、そして現在は先方から直接連絡をいただくことが多くなっています。

2010年3月には、米国シンビジウム協会（CSA）が毎年カリフォルニア州サンタバーバラで開催している、シンビジウム会議で講演しました。演題名は「日本におけるパフィオペディルム・ゴデフロイエの系統育種：アマチュア育種家の成功」にしました。夜のパーティではたくさんの著名人に会いましたが、ハイライトは当時93歳だったアーネスト ヘザリントン氏。10分近い挨拶を「これからもサンタバーバラ国際らん展とCSAを応援していく。」と締めると、彼が席に戻るまで全員が立ち上がって拍手を送っていたのが印象に残っています。彼自身の持っているカリスマ性と同時に、尊敬を態度で示す米国人の良い面を見せていただきました。さらに2012年には台湾国際蘭展のシンポジウムで講演を行うことになりました。テーマは「誰でもできる大株作り」。ラン展で賞をいただいた大株の紹介や、そのノウハウを披露しました。台湾の皆様とは今もおつきあいさせていただいています。

初めて日本大賞をいただいた2008年頃から、外国からのお客様が増えました。これまでに英国、米国、ドイツ、中国、台湾などから20名以上をお迎えしています。ラン好きが温室にいらっしゃると、ほぼ例外なく、入り口から順に咲いている花を見ていきます。質問に答えながら、彼らがどのような花に興味を示すか、私も観察していますが、国や地域による差は少ないようです。「あんな花初めて見た」とか、「どうやったらあんなにたくさん根が伸びるのか」とか、「植え込み材料の組成は？」など、たわいもない内容で話が盛り上がります。

洋ランは世界中を行き来している植物です。管理の仕方だけでなく、交配名の登録や、絶滅危惧種を保護するための条約など、ほぼ世界共通です。実務的な話はその都度インターネットを通じて行うことが多いのですが、外国の方との情報交換は、ランを楽しむ際の大きな助けになります。

2018年2月のお客様。左から、王立園芸協会蘭委員会委員長 クレア ハーマン氏、私、同前委員長 ヨハン ハーマン氏、アメリカ蘭協会会長 ジョージ ハットフィールド氏、同副会長 ジーン ブキャナン氏、世界蘭会議会長 リズ ジョンソン氏（当時）写真提供：大場良一氏

台湾国際蘭展のシンポジストと

「栽培賞は趣味家にとっての本分」
存在感ある株姿を目標に

大株作りへの挑戦

都心で開催される所属愛好会の例会に参加すると、パフィオペディルムやカトレアだけでなく、マスデバリアや栽培の難しいデンドロビウムなどが生き生きと育てられていることに感銘を受けました。特に印象的だったのは、名手と言われていた先輩が、例会に展示された株を一つずつ熱心に観察する姿でした。彼が上から株を眺めていた姿を思い出せないほど、必ず腰を屈めるか、膝を折って、じっと株元や植え込み材料を見ていました。

そうした時にふと耳にしたのが「趣味家の本分は栽培賞にある」という言葉でした。当時の理事長が、米国では日本より遥かに多くの栽培賞（CCM）が授与されているというデータを示し、栽培賞の申請者とそれを評価する審査員、双方に積極性を求めた言葉だったと記憶しています。当時公務員だった私にとっても、過大な出費を強いられないという点で、実現可能な目標のように感じられました。

栽培賞の基本は大株です。最初に大株になったのは、先述したカトレア・トリアネ‘オカダ’など、カトレアの仲間でした。続いて、パフィオペディルム属の大株作りにも挑戦しましたが、なかなか難問でした。大株にすること自体もそうですが、大株にしても見栄えがしないこともありました。誰でも思いつきそうな多花性種ですが、例えばパフィオペディルム・ロスチャイルディアナム（*Paphiopedilum rothschildianum*）は、一番下の花までの花茎が短いので、3花茎咲きが一番美しく、花茎数がそれ以上に増えても、花同士が重なって美しく見えません。そういう経験から目をつけたのが、1花目の位置が高い交配種でした。花茎の長い一茎一花のパフィオペディルムにも、大株にすると美しく見える品種がたくさんありました。

ふとしたきっかけから、私は単茎種のバルブを横にすると脇芽が出やすいことに気付きました。パピリオナンセ・テレス（*Papilionanthe teres*）を素材に、上に伸びた茎を下に引っ張る作業を毎年繰り返し、たくさんの花を咲かせることに成功しました。株は今も、成長を続けています。他の品種でも、基本的には同じ特性が認められますが、注意すべき点として、無理をして曲げると折れることを挙げておきます。以前、レナンセラ・スカーレット ユカ（*Renanthera* Scarlet Yuka）の茎をなんとか曲げようと、2週間ほど水を切ってから、曲げました。なんとか上手くいったようでしたが、2日たって潅水したところ、翌朝には折れていました。

パフィオペディルム・セントスイシン‘ペコ’
Paphiopedilum Saint Swithin 'Pecco'
パフィオペディルムの大株を作るには、花茎の長いものが良い

デンドロビウム・ビクトリアエ-レギナエ‘ヨウコ’
Dendrobium victoriae-reginae 'Yoko'
クールオーキッドは色彩が豊かで、大株向き

マスデバリア・イグネア‘ウィンターフレーム’
Masdevallia ignea ‘Winter Flame’
(左)
花の向きを揃えるには、花芽が上がってきたら、北と東（西）に壁がある場所を探して、南西（南東）に向けて株を倒しておく

(右)
出品直前に、花の位置を調整しながら支柱を立てる

クールオーキッドの中にも、大株に向いている品種がたくさんあります。マスデバリア属の中には候補がいくつもありますし、マキシラリア属も良いと思います。クール系大株の問題は、カビによる病気が入りやすいことです。風通しを良くして、日中に一度湿度を下げて、乾かすことが有効だと思います。私は、殺菌剤は使っていません。

大株の栽培で注意すべきことは、3点。根を大事にすること、良質な光を当てること、そして潅水の技術です。詳細は、別項でご説明します。

大株の持つ魅力は、圧倒的な存在感にありますが、仕立て方や展示の仕方を誤ると、期待外れの結果に終わります。花芽が上がってきたら、まず正面を決め、どこにどれくらいの花を咲かせるか、頭の中で開花時のイメージを作ります。そして、その完成図をもとに、株を傾けたり、花茎を引っ張ったりしながら、狙ったところに花が咲くように誘導していくのです。私が支柱を立てるのは、多くの場合花が開いてからになります。世界らん展に出品するような超大型の株になると、花芽が見えてから最後に支柱を立て、花包紙で包み終えるまでにかける時間は、30時間以上に及ぶものがあります。最後まで気を抜かず、妥協を排除することによって、見る人の心に訴える作品が生まれます。

「趣味家の本分は栽培賞にある」は金言だと思います。特別な大株の必要はありません。およそ5年以上、健全に発育した株に、蕾が上がってきた段階からの細かな心配りが感じられる花が、美しく咲き揃っていればよいのです。この要件は特別なことではなく、趣味家が日々心がけるべき基本姿勢そのものです。小さな品種を狙えば、大きな場所を必要とすることもありません。

ミルトニア・モレリアナ‘ポコ ポコ’／ *Miltonia moreliana* ‘Poco Poco’
大株の理想は、全ての方向から見て美しく見えること

フラグミペディウム・フンボルティ‘リバーサイド’／ *Phragmipedium humboldtii* ‘Riverside’
花が長い場合には、株を倒した方が美しく見える

「自分オリジナルの優れた花を生み出す」育種ほど奥の深い楽しみはない

育種の世界

愛好会の例会では、洋ランの雑誌に掲載されるような、素晴らしい花がたくさん展示されていました。入手先を質問しているうちに、多くの先輩が育種を行なっていることを知りました。育種ほど奥の深い楽しみはないと教えられ、自然な流れの中で、私も交配を始めました。

育種の世界では、良い親を持つことが成功への近道と言われますが、そのような親は簡単には手に入りません。とりあえず、手持ちのパフィオペディルムを使ってやってみたところ、種子が採れて、フラスコが帰ってくるところまではすんなりと進みました。ところが、最初の頃は多花性のパフィオペディルムが多かったため、成長が遅くてなかなか成果が出ませんでした。

ちょうどその頃、関西で作出されたパフィオペディルム・リューコキラム（*Paphiopedilum leucochilum*）から素晴らしい花が続出し、センセーショナルな話題になっていました。私も興味を持ち、栽培方法を学ぶために何度も大阪に足を運びました。素晴らしい花を見せられて熱は上がるばかりでした。ある晩旧知の蘭屋さんから電話があり、タイから輸入した同種のフラスコを２本購入しました。その１本から、'Tora' AM/AJOS（AM や FCC については巻末参照）を始めとして、何と５個体の入賞花が生まれました。これらを使った交配を進めると、花が大きいだけでなく、弁質が厚く、展開の良い、これまでとは別次元の花が咲きました。'Akiko' と個体名をつけ、審査を受けると、夢の FCC/AJOS を受賞しました。その後 'Akiko' を使った交配を進め、これまでに２個体が FCC/AJOS を受賞しています。以前は花弁の幅 5cm の個体は極めて稀でしたが、現在では 6cm を超える個体がいくつも生まれています。以下 *Paphiopedilum* を *Paph.* と略します。

パフィオペディルム・ランディ ブース 'トキ'
Paphiopedilum Randy Booth 'Toki' FCC/AJOS
(Lady Isabel × *randsii*)
私にとって初期の交配で、花弁の描く円弧が美しく、色彩が鮮明で、大輪。

'Tora' の活躍は続き、パフィオペディルム・ベラチュラム（*Paph. bellatulum*）と交配したパフィオペディルム・エス グラトリックス（*Paph.* S. Gratrix）、パフィオペディルム・ハンギ

パフィオペディルム・リューコキラム 'ヒトキ'
Paphiopedilum leucochilum 'Hitoki' FCC/AJOS
'Akiko' の子供で、現時点での最優秀個体。

パフィオペディルム・ウスナー フェイバリット
Paphiopedilum Wössner Favourite 'Yoko's Delight' FCC/AJOS

カトレア・マキシマ fma. セルレア'メッチェン'
Cattleya maxima fma. *coerulea* 'Mädchen' AM/AJOS
異なる系統の選抜個体同士を用いた交配で、展開が良く、色彩の濃い、大輪花。

ファレノプシス・ルデマニアナ'アキコ'
Phalaenopsis lueddemanniana 'Akiko' AM/AJOS
本来の模様が見えないほど色彩が濃く､形も優れている。台湾で実生選抜された個体のセルフ。

アナム（*Paph. hangianum*）と交配したパフィオペディルム・ウスナー フェイバリット（*Paph.* Wössner Favourite）、孫のパフィオペディルム・オトゴゼン（*Paph.* Otogozen）などで、FCC/AJOSをはじめとする多数の入賞個体が生まれています。

これまで入賞花が生まれた交配は、パフィオペディルム属で26、その他にはカトレア・ロディゲシイ（*Cattleya loddigesii*）、カトレア・マキシマ（*Cattleya maxima*）、カトレア・パープラータ（*Cattleya purpurata*）、リンコレリア・ディグビアナ（*Rhyncholaelia. digbyana*）、ファレノプシス・ルデマニアナ（*Phalaenopsis lueddemanniana*）などがあります。

育種を楽しむには、乗り越えなければならない幾つかの問題があります。まず品種と親の選択です。カトレアでも､パフィオペディルムでも、デンドロビウムでも構いません。自分が好きな品種で良いのですが、株が巨大なものや発育の遅いものは避けたほうが無難です。私は、気に入った品種は納得できる個体が得られるまで、何度でもフラスコや実生苗を購入し、そうして得られた優秀個体を親にしています。次は栽培場の確保です。一つの交配を行うと少なくとも50～100株ほどの苗を育てることになります。十分な面積を確保できない場合には、小柄な品種を選んだり、場所を取らない植え方を工夫したり、早めに選別を行って鉢数を制限するなどの対応が有効です。友人とフラスコを分け合ったり、栽培してくれる農家を探す方法もあります。さらに重要なことは、フラスコから出した苗を、スムーズに開花サイズまで育てる技術の習得です。私は基本的に、フラスコから出した苗は全て１本ずつ植えています｡パフィオペディルムで頻用している､緑の連結ポットとクリプトモスの組み合わせは、私の栽培環境には大変合っているようで、多くの苗は植え替えせずに２～４年で開花に至ります。

自分オリジナルの株に蕾が見えてから開花するまでに感じる胸のときめきや、開花時の充実感は、他に例えようがありません。多くの方に経験していただきたいと願っています。

緑の連結ポットにクリプトモスで植えた多花性種の苗。１年（左下)､２年（右下)､３年（上）と育ち、このまま４年で開花させる。省スペースになる。

蕾膨らむ。実生苗に蕾が見えると期待が膨らむ。鉢サイズを揃えてトレイに入れると、場所の節約になる。

Dr. Saito's Style

「診療パターンを応用したラン栽培」医師の目で行う斉藤正博の栽培スタイル

基本が大切ー観察と記録

これまで、私が育てた個別の栽培体験とランの楽しみ方についてご紹介してきました。ここからは栽培全般において大切と考えることをご説明します。私は、栽培の基本は観察にあると考えます。温度・光・風・水・肥料・薬物治療など、栽培技術は限られています。今行うべきことの判断が適切かどうかによって、結果が大きく左右されるのです。

長年医師として暮らしてきた結果、私のラン栽培は診療と同じパターンになってしまいました。患者さんを診察して、診断し、治療方針を決定するというプロセスをラン栽培にも適用したのです。まず診察ですが、入院患者さんと同じように昼休みに温室を『回診』します。葉の色とツヤ・厚さ・伸び具合、そして花の色・大きさなどから温度・肥料濃度・遮光率の適否などを判断します。コンポストの乾き具合を見て、今日灌水するかどうかを、おおよそ判断します。病気の有無も、日中の方が断然、判断しやすいものです。

回診のあとには記録を確認します。ひとつは、「温室管理記録」という、毎日欠かさずつける日誌です。この日誌はカレンダー形式になっていて、灌水の日時・肥料濃度・温度設定の変更・遮光材の張替え等、全体的なことを記録しています。ランについてだけではなく、八重桜が咲いた・金木犀が咲いたなどの、戸外の状況も記録するように心掛けています。寝る前に当日行ったことを記録し、次に潅水する予定日のマスを網掛けにしておきます。低温や高湿度によって鉢内の乾きが遅いと昼回診で判断し、潅水を延期することはしばしばありますが、予定日より前に潅水することはありません。戸外の状況は、暖かくなってランを屋外に移動したり、涼しくなって取り込んだりする時期を決定する際の参考になります。

もう一つの記録は「個別管理ノート」です。いわゆる「カルテ」に当たるもので、以前はすべての株について記録して

温室管理記録（2018年８月27日の時点を想定しています）

日	曜	行事予定	作業内容				
			エアコン室	南	パフィオ北	カトレア	外
1	水						北121-8k（夜）
2	木		高P6k（昼）		小 高P6k（夜）		
3	金			大 高P6k（夜）		高P6k（夜）	南 高P6k（夜）
4	土		Ca6k（昼）	小 Ca8k（夜）			
5	日						北Ca8k（夜）
6	月		Ca6k（昼）		大小 花促6k（夜）		雨
7	火						雨
8	水			小 花促6k（夜）		花促6k（夜）	雨
9	木						未明に台風
10	金		花促6k（昼）	大 花促6k（夜）	小 花促6k（夜）		
11	土	BBQ					未明に雨
12	日	全日本蘭協会例会					未明に雨
13	月		花促6k（朝）	小 BGV花促6k（夜）	大BGV花促6k（夜）		
14	火				小 花促6k（夜）		
15	水		花促6k（昼）			花促6k（夜）	
16	木						南北 花促6k（夜）
17	金		Ca8k（昼）	大小 Ca8k（夜）			
18	土				小 Ca8k（夜）		
19	日	つくば例会	Ca8k（昼）				北 Ca8k（夜）
20	月				大 高P6k（夜）	高P6k（夜）	
21	火			小 高P6k（夜）			
22	水		高P6k（昼）		小 高P6k（夜）		南 高P6k（夜）
23	木			大 高P6k（夜）			北 高P6k（夜）
24	金		高P6k（昼）	小 高P6k（夜）			
25	土					花促6k（夜）	雷雨
26	日	休日診療所	花促6k（昼）		小BGV花促6k（夜）		
27	月			小	大		
28	火						
29	水		全		小		
30	木			大			
31	金						

小：小型の株　大：6 号鉢以上の大株　高 P：N/P/K=9/45/15　花促：N/P/K=10/30/20
Ca：N/P/K=15/0/15（カルシウム入り）　6k：6000 倍希釈　8k：8000 倍希釈
BGV：バイオゴールドバイタル

水苔は昼休みに戻しておく

ミックスコンポストも自家製

いましたが、現在は時間の関係で、栽培方法に納得できない品種に限定しています。温度設定・遮光率・植え替えたときの根の状態・コンポスト・花芽が見えた時期・開花日・開花数・花の大きさなど、株ごとの細かいデータを記録しています。この記録により、例えば過去の植え替え時期とその適否、コンポストの良し悪しなどが客観的に確認できるだけでなく、開花時期の調整もスムーズに行えます。

昼回診の印象と「温室管理記録」をつき合わせて、今晩どの区域にどのような肥料を混ぜて潅水するとか、どの株を植え替えるとかいった作業方針を、昼休みの間に決定します。そして毎晩8時頃、仕事が終わると温室に直行し、10時過ぎまで作業に没頭します。作業予定が立っているので、限られた時間を効率的に使うことができます。

闇のなかで、蛍光灯をつけて作業をしていると不思議に気持ちが落ち着き、心身ともにリフレッシュされるように感じます。こうして私は、穏やかな気持ちで一日を締めることができるのです。

個別管理記録

Cattleya *trianae* fma. *semi-alba* ‘Okada’ CCM/AJOS (90p, 02.1)

Species? Yes　**消滅** ______
Original? MC　Seedling?

	Exhibition		Prize
1	AJOSmon	01.1	1st
2	AJOSmon	02.1	1st
3	AJOSmon	03.1	1st
4			
5			

From Okada
Date 95.3.2
Price ¥25,000

写真 有

近日植替　そろそろ
最終植替　07.5.14
植替後月数　-7.2 月

Comment
*triane*としては極大輪で、P は幅広くオーバーラップ。光線によってはP, S はピンク色を帯びる。L の中心には丸く大きく紫が乗るが、ややきめが粗い。生育は旺盛で強健。交配種との説もある。

	00	01	02	03
3				
4		新芽3本膨らみ、新根の伸び活発 通常の棚に移動		
5	5日新芽7本膨らむ 25日何だか芽が小さい		新芽10本	
6		5日新芽は6本に		
7				25日新芽12本にシース確認
8	20日7本ともシース見える	25日新芽8本に	15日新芽1本膨らむ	
9	3日新芽3本膨らむ	新芽が10本に	結局新芽10本(計20本)	
10				
11		11本目の新芽が膨らむ		
12		今年は10花茎25輪くらいか		今年は20花茎同時にいけそう
1	4日6花茎15輪開花 14日全蘭で人気投票一位	25日1花茎目が開く 13日10花茎25輪開花	12日11花茎36輪開花	3日1花茎目がシース破る 15日1花茎目が開花
2	15日コンポストを取り除く根は元気 23日水切ザルに大粒バーク植え			

栽培や整姿に使う道具はとても多い

霧吹き、道具を消毒するためのバーナー

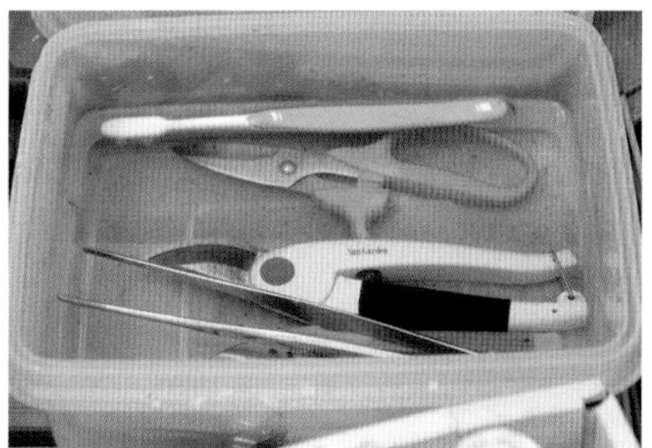
園芸ハサミなどを消毒中

「観察、記録そして治療」ラン栽培の技術

栽培者が行うべきこと――環境整備の重要性

先にあげた『温度・光・風・水・肥料・薬物治療』について、ひとつひとつ具体的に考察していきたいと思います。

趣味家のお話を伺うと、『肥料』を気にされる方がとても多いことに驚かされます。しかし、どんな株でも掛けるだけで生育が旺盛になり、見違えるほど素晴らしい花を咲かせるような、そんなミラクル肥料はありません。一流のスポーツ選手は皆、才能だけでなく陰で努力をしているものです。ランも同じです。健康な根が伸びて、それに見合う葉が展開し、光合成で作られた栄養分によって立派な花が咲くのです。

何年も持っている株が、ある年とても元気に発育し、素晴らしい花を咲かせた、という経験をお持ちの方は少なくないと思います。農作物にも豊作や不作の年がありますが、原因の多くは温度・光・水・病害虫などの自然環境です。豊作の年は、例年と同じ肥料で作ってもたくさん収穫できます。環境が良ければ、植物は元気に育ってくれるのです。良かった時の環境を分析し、同じ状況を再現できるように努力することが、安定して良い花を咲かせる近道です。

もう一つ重要な問題は、病害虫です。ランの病気は、害虫、カビ、細菌、ウイルスなどの感染によるものが大部分です。中でも、カビ、細菌、ウイルスは環境整備によって減らすことが可能です。私は以前、カビによる病気が温室に蔓延して困っていました。何年も使い回ししていた温室の内張りを毎年更新したところ、病気は徐々に減少し、今では薬剤散布をしなくても、ほとんど出なくなりました。ランの病気で悩んでいらっしゃる方には、内張の更新だけでなく、枯葉の処理、棚下の清掃などの環境整備をお勧めします。

一方、スリップスとカイガラムシには苦労しています。脱皮阻害剤（アプロード）の定期散布に加え、開花前の鉢にオルトラン粒剤を散布し、コナカイガラムシを見かけた時やスリップスが好きそうな蕾が膨らんだ時にはベニカXを直接散布して、何とか凌いでいます。オルトラン粒剤は薬害の出やすい品種があるので、ご注意ください。ナメクジにはベンチの脚に幅の広い銅箔テープを巻くことが有効です。

ベンチの脚には幅の広い銅箔テープを巻き、棚下も清潔に。

蕾がシースを破る前にオルトラン粒剤を株元に散布。

病気の予防には枯葉や花殻の処理が肝心。

『温度と水』～理想的な根張りを目指して

私の経験では、びっくりするような素晴らしい根張りが良い花の条件でした。ですから私は、根にこだわります。根の張りを良くするために最も必要なことはと問われれば、「鉢内を適度に乾燥させること」と私は答えます。

昼休みの温室『回診』では、時間の制約もあり、葉の状態とコンポストの表面しか観察できませんが、ある程度は根の状態を推測できます。迷った時には、私は鉢を手に取って、重さを確認したり、鉢穴から指を入れたりしています。

実際には、例えばパフィオペディルムに対する灌水の頻度は、春から秋は3日から4日に1回、温度の高いグループは冬でも同じですが、最低温度16℃ のグループは5日から6日に1回です。カトレアでは、夏が4日に1回、冬は7～10日に1回くらいです。また、熱帯夜の時期は鉢内の乾きが遅くなることが多く、灌水の間隔をかえって長くしています。当然、品種ごとの微調整は必要ですし、あくまでも私の温室で、私の植え方、私のコンポスト、私の灌水の仕方等の条件のもとでの話ですが、一応の参考にはなるかと思います。私は井戸水を使っているので、潅水する水は通年25℃に温め、エアレーションしています。

私の温室の最低温度は、8℃、16℃、20℃ に設定しています。多くの種類において、小さな苗は最低温度20℃ の方が生育良好です。日中の温度は、夜間温度プラス7℃ に設定しています。良い花を咲かせるためには、日中の高温を避けることが重要だと思います。

10号鉢で育てたカトレア・ガスケリアナ。水苔は上部に厚さ7cmほど。

潅水する水は25℃に温め、エアレーションしている。

パフィオペディルムの根も乾湿を繰り返すことにより元気に伸びる。

鉢が乾いているかどうか迷ったら、鉢を持って重さを確認する。

『光と風』

もう一つ、私がこだわっていることは日照です。「植物は光合成によって花を咲かせる」というポリシーのもと、適切な強さの光をいかに長く、より多くの葉に当てることができるかという点に腐心して、昼回診のときに株ごとの置き場所・向き・角度をチェックしています。

特にカトレアでは、植え替えや鉢増しの際には、葉の付け根のところを鉢縁からビニタイで誘引し、葉と葉が重ならないように注意をしています。どうしても邪魔になる葉がある場合は、開花してから３年以上経った葉を切ってしまうこともあります。秋になって太陽の高さが低くなれば、できれば鉢も傾けてあげたいものです。

また、優れた栽培技術を持っている方々と話をしていて感じることは、風を大事にしていることです。それだけで植物の病気の予防にもなりますが、それ以上に、充実した株を作るためには必要不可欠のようです。理由としては、風通しが良ければ強い光を当てても葉面温度が上がりにくい、また充分な二酸化炭素を供給できるため、光合成が活発になることなどが考えられます。ただ、品種によって適度な風速は異なるようで、今後の私の研究課題のひとつです。

温室の東側に吊って、午前中直射光線を当てるとご機嫌なランもあります。

風を通し、陽光を当てるために葉の付け根をビニタイで誘引。

脚立に登って上から葉の重なりを確認。

パピリオナンセ・テレスは初夏から秋まで、直射日光下で栽培するとよく育つ。

『肥料』

「あまり肥料に頼るべきではない」と前述したのですが、もちろん無肥料で栽培している訳ではありません。灌水するときには毎回、何らかの肥料を与えています。夏と冬の二つのパターンを基本として、株の状態を見てアレンジしています。

肥料を与える際には目的を明確にした方が良いと思います。私は肥料を与える目的を4つに簡略化して考えています。(表1, 以下、チッソ・リン酸・カリの配合比で表記)

①生育期に葉を長く大きくする
『18 - 18 - 18』や『15 - 30 - 15』
②葉が柔らか過ぎたり、病気が入りやすい時
『15 - 11 - 29』や『15 - 0 - 15』(カルシウムの入った肥料)
③花芽分化や開花促進
『10 - 30 - 20』や『3 - 6 - 5』(トップドレッシング)
④発根促進
『9 - 45 -15』や『バイオゴールドバイタル』となります。

私の施肥パターンを表に示します(表2)。

まず、春から夏の間は『15 - 30 - 15』を中心にしています。肥料の濃度は6000倍と薄めですが、潅水する水には必ず肥料を入れています。5月までは発根を期待して、『9 - 45 - 15』を月に2回、4000倍で施用します。カルシウムの入った『15 - 0 - 15』は通年、月に1、2回投与しています。肥料ではありませんが、バイオゴールドバイタルも月に1、2回、『15 - 30 - 15』に混ぜて潅水しています。真夏になって、パフィオペディルムの葉がツヤを失い、いかにも水の吸い上げが悪そうな時には、その効果が実感できると思います。真夏でも8000倍の液肥を使っています。

晩秋から春先までは開花する株も多く、肥料も開花促進にシフトします。中心は6000倍の『10 - 30 - 20』で、他には6000倍の『9 - 45 - 15』と8000倍の『15 - 0 - 15』を月に1回ずつ、それぞれ潅水時に与えています。以上の液体肥料に加えて、トップドレッシングの葉面散布を月に2回、通年行なっています。現在、置肥は使っていません。

表 1. 肥料の使用目的

肥料は使用目的を明確に	
■育成	■開花促進
18-18-18	10-30-20
15-30-15	トップドレッシング
■生育調整	■発根促進
15-11-29	9-45-15
15-0-15 (Ca)	(バイオゴールドバイタル)

表 2. 私の施肥パターン

現在の施肥パターン	
トップドレッシングの葉面散布を月に2回	
■春〜夏	■秋〜冬
(4000 〜 6000倍)	(6000 〜 8000倍)
15-30-15	10-30-20
15-0-15 (月に1回)	15-0-15 (月に1回)
9-45-15 (春のみ)	*バイオゴールドバイタルを月に1、2回灌注

250g の粉末肥料を 2L の水に溶かした濃縮液体肥料。

目標はランがストレスなく生育できる温室

美しい花、珍しい花、難しい種類。それぞれが素直に発育できるように環境を整えることが斉藤流です。20 年をかけて進歩してきた、私の温室のノウハウをご紹介します。全体の広さは 50 坪プラス南北の張り出し部分で、高さは 4.5 mあります。

タンク
灌水する水はエアレーションし、温度は 25℃くらいが良い。

ランは風を好むので扇風機は多い方が良い。
風向きを一方向に揃え、壁に当たった空気が棚下を流れてもどってくるように。

落下防止ワイヤー
ランをのせる棚の周囲には落下防止のワイヤーを設置。小さな苗はトレイに収容。

植木鉢や植え込み材の保管スペース

温室の床は、川砂を 30cm ほどの厚さに敷き、歩くところはエキスパンドメタルで覆う。

棚下を清潔にすると病気や害虫が減る。

小さな苗は最低温度 20℃
くらいの方が生育良好。

品種によっては、
吊り下げ栽培が良い。

冬の最低温度
16℃

冬の最低温度
20℃

頭上の遮光材
夏には強い光を嫌うランを集め、頭上に遮光材を追加する。

故障の可能性を考え、
暖房機は複数あると良い。

冷暖房完備のクール温室。
天井は高い方が良い。
扇風機も多い方が良い。

冬は仕切りを作り、温度設定の異なる部屋を確保すると、いろいろなランが栽培できる。

作業用のテーブル

温室内、又は近くに
水道と流しが必要。

屋根の遮光材
遮光ネットは温室の屋根や壁から離れた方が良い。

イラスト／大蔵 敦久

賑やか談話室 Orchid Essay

私が2011年から2019年までに執筆したランにまつわるエッセイをご紹介します。

賑やか談話室 各地の催し－01 ラン展シーズン

2011.3.

ラン展シーズンというものがあるとしたら一月から三月でしょう。各地で次々と大型ラン展が開催されます。私は毎年秋になると、どこにどの株を出展するかと頭を悩ませます。そうした心積りが決まると、今度は温度を上げたり下げたりすることによって、花芽を誘導したり、開花時期を調節したりしていくのです。

兵庫県淡路市の淡路夢舞台ラン展はとても大きな会場ですから、今年も263輪を開花させたカトレア・トリアネを中心に展示しました。蘭花園晩餐会という催事にお邪魔したところ、大きな植栽の中に照明で浮かび上がったランたちは、予想以上の美しさでした。暗闇に入るとジャスミンのような香りに鼻腔をくすぐられました。無数とも感じられるランたちに囲まれ、オペラ歌手の日下部祐子さんの伸びやかな歌声を聴いていると、夢幻の世界に誘われたような錯覚さえ覚えました。

東京ドームで開催された世界らん展日本大賞では、株の大きさと同時に品の良さを追求しました。今年出品した白花のパピリオナンセ・テレスは京都府乙訓郡大山崎町にあった「大山崎山荘」に由来します。昭和初期にこの山荘を建築した関西の実業家加賀正太郎氏は、日本で初めて世界中から大々的にランを集め、日本最高の園丁といわれた後藤兼吉氏を新宿御苑から引き抜き、浮世絵の技法を受け継ぐ木版画を中心とするランの植物画集「蘭花譜」まで自費出版するなど、まさに「ランに魅せられた男」でした。上品な花を咲かせる今回の株は、当時蒐集された中でも選りすぐりの一つと想像され、関西の趣味家の間で綿々と受け継がれたものです。80年も前に日本に導入されたランがこのように元気であることは極めて稀で、栽培者として冥利に尽きると感謝しています。

都内の催事場で開催された、コンテストが中心の洋らん展には、今度は小さくて品の良い株を出品しました。ベルベットのような質感を持った深紅の色彩は、日中の温度上昇を抑え、光の強さに細心の注意を払って初めて得られるものです。

C. trianae 'Okada' カトレア・トリアネ 'オカダ'（淡路夢舞台ラン展2011で）
華麗という言葉を具象化するように、今年も薄ピンク色の花を263輪開花させた。株幅は約2m。撮影：高木直子氏

(左)
C. Romantic Girl 'Yoko'
カトレア・ロマンチックガール 'ヨウゴ'
ベルベットのような質感を持った深紅のカトレア。株はあまり大きくならず、低温に強い国産の新花。
撮影：倉持見永子氏

(右)
Ple. teres fma. *alba* 'Oyamazaki'
パピリオナンセ・テレス fma. アルバ 'オオヤマザキ'
驚異的な花数、花と株のバランス、一輪毎の品の良さがそろった自信作。世界らん展日本大賞2011で優良賞を受賞。撮影：岩渕正伊氏

賑やか談話室　各地の催し－02　秋の洋ラン展

2013.12.

11月26日～12月1日、新宿御苑内の大温室で「第25回新宿御苑洋らん展」が開催されました。多くの洋ラン愛好家にとって同展は、東京都内で毎年秋に開催されるという点で、思い入れの深いものです。温室建て替えに伴い6年間中断していましたので、私も再開を心待ちにしていました。

新宿御苑の温室の歴史は、明治8年に無加温の温室として始まり、明治26年の加温温室完成後、皇室行事などで用いられる洋ランなどが盛んに栽培されたそうです。戦後国民公園となってから一般公開されるようになり、洋ランの他、熱帯・亜熱帯の植物が栽培展示されています。新しい温室内には、高低差のある通路が配置され、立体感が強調されているように感じました。同展の特色は、栽培展示されている植物の間に洋ランの鉢花が置かれていることで、自然な雰囲気が魅力です。久しぶりにも関わらず評判も上々のようで、鑑賞ルートのお客様が途切れることはありませんでした。

秋の洋ラン展にはカトレア系の出展数が多いものです。今回環境大臣賞を受賞した主役はカトレア（*C.*）・ウィッチギアナという小型の冬咲き種でしたが、一方では*C.* マキシマや*C.* ボーリンギアナなど、秋咲きの大型カトレアが多数展示され、形や色彩の変化を楽しむことができました。鑑賞ルートを進んで行くと、突然チョコレートのような甘い香りに包まれました。オンシジウム・シャリーベイビーという、愛好家の間では有名な品種です。以前、チョコレートのプロモーションに使いたいというご相談を受けたことがありましたが、バレンタインデーの頃に花を咲かせるのが難しいために、実現はしませんでした。もう一つご紹介したいのが、バルボフィルム・ファレノプシス。教えられて初めて花と気づくような形ですが、表面の黄緑色と裏面の赤褐色のコントラストは息を呑むような美しさでした。この花も香りが強いのですが、ハエを呼ぶものなので、近くでは嗅がない方が賢明です。

C. maxima 'Akiko'　カトレア・マキシマ 'アキコ'
秋咲きの大型原種で、株高や花数の個体差が大きい。写真は唇弁の周囲に白覆輪が入る珍しい色彩の上に、1花茎に20輪以上をつける優秀個体。

(左)
Onc. Sharry Baby 'Sweet Fragrance'
オンシジウム・シャリーベイビー
'スイートフラグランス'
チョコレートのような甘い香りで有名な、可憐な花。花茎が長く伸び、多数花をつける。栽培：中島文子氏

(右)
Bulb. phalaenopsis 'Tsukuba'
バルボフィルム・ファレノプシス
'ツクバ'
表面の黄緑色と裏面の赤褐色のコントラストが息を呑むほど美しい、珍しい色彩の個体。栽培：伊東忠夫氏

賑やか談話室　各地の催し－03　炎の妖精

2014.3.

2月3日、仙台市の夢メッセみやぎで開催中の「とうほく蘭展＆バラとガーデニングフェスタ2014」にお邪魔しました。現行の大型蘭展としては日本で3番目の歴史を持ち、今回第20回を迎えた本展の特徴は、対象をランだけに限らず、バラやガーデニングという園芸の主流派に広げ、家族で楽しめるイベントにしているところです。今回も、ランやガーデニングのコンテストの他、洋ランの大型ディスプレイと熱帯魚のコラボレーション、魚やペンギンたちとのふれあい広場、世界初作出の「青い胡蝶蘭」の展示、バラが彩るステージでの演目など、さまざまな見どころが提供されていました。

とは言っても、私の目の行き先はどうしてもランになってしまいます。グランプリを受賞したのはマスデバリア・イグネアという南米産の妖精でした。花径4cmほどですから大きくはありませんが、オレンジの地色に鮮赤色の模様が入った色彩には存在感がありました。コロンビアのアンデス山脈、標高3000m位に自生している原種なので、日本の平地では夏に弱ってしまいます。栽培難易種を大株に育て、花の向きをきれいに揃えた技術も評価されたのでしょう。準グランプリの優秀賞にはリカステ・モント シホウが選ばれました。日本で作出された交配種で、花の形、白の質感、大きさ等、完成度の高い一輪でした。リカステの品種改良では、現在日本が世界のトップを走っています。もう一つの優秀賞は、リンコスティリス・ギガンテア。見上げるような大株にたくさんの花が咲き、見事でした。20年以上育てられた株だと思います。

私にとって今回は6年ぶりの訪問でしたが、到着するまでは不安でした。東日本大震災時の津波がこの会場を襲い、1階が水没した動画を見た記憶が生々しく残っていたからです。1年のブランクを置いて昨年から再開され、多くのお客様で賑わう様子を拝見して、胸が熱くなるとともに関係者の情熱に敬服しました。イグネアの花色がお客様や関係各位の熱い思いを映しているように感じられました。

(左上)
Masd. ignea 'Winter Flame'
マスデバリア・イグネア 'ウィンター フレイム'
鮮やかな色彩の人気種ですが、アンデス山脈の高地産のため、栽培は難しい。

(右上)
Lyc. Mont Shihou 'Snowman'
リカステ・モント シホウ 'スノーマン'
花の形、白の質感、大きさ等、完成度の高い一輪。

(左)
ガーデニングの最優秀賞を受賞した「風薫る風景」
繁樹園（宮城県）出品。撮影：鎌田秀夫氏

Rhy. gigantea 'ARAKAKI'
リンコスティリス・ギガンテア 'アラカキ'
沖縄から出展された見事な大株。花数が多い点も優秀。

賑やか談話室　植物学ー01　梅雨時のラン

2011.6.

ネジバナはお好きですか。芝生を張るといつの間にか生えてくるから不思議ですね。小さい頃から好きだったネジバナがラン科植物だと知ったのは、私がラン栽培を始めてからだいぶ経ってからでした。ネジバナを避けながらの芝刈りを終え、夕方温室に行くと、キノルキス・ギッボサの花が浮き上がるように咲いていました。マダガスカル原産で、ネジバナのように冬には落葉し、春になると美しい模様を纏った大きな葉を広げます。長さ4 cm、金魚のような色彩の花もまた魅力的で、上に向って順々に咲き上がります。葉が無くなった冬の間、低温で乾燥させておけば、栽培は難しくありません。

その上で咲いているのはリンコレリア・ディグビアナというカトレアの仲間で、メキシコから中南米に自生しています。手のひらほどの花の中央にある唇弁（花びらの一種）が大きく、周辺には細かく深い欠刻が入るのが特徴で、一度見たら忘れられない花の一つではないでしょうか。夜になると沈丁花のようなすてきな香りも漂わせます。唇弁を大きくする性質が評価され、カトレア交配種の親として活躍しています。

緑色の花をもう一つご紹介しましょう。マレー半島からボルネオ島にかけて自生するセロジネ・パンデュラータです。ラン科に限らず、黒い色素を持つ花はとても少ないのですが、この花の唇弁には墨で書いたような真っ黒の模様があります。花びらの鮮緑色との対比が美しい大輪の花をたくさん咲かせる姿は魅力にあふれ、香りも好ましいものです。

今年はランの開花時期がかなり遅れています。大震災による電力不足に対して、温室の設定温度を下げた為かと考えましたが、芝生のネジバナまで遅れているようです。趣味家はややもすると栽培困難種に目を向けがちですが、これからは日本の気候でも育てやすい、スイセンのような品種にシフトしていくのではないかと思います。

Spir. sinensis　スピランテス・シネンシス　ネジバナ。ほぼ日本全土に分布するラン科の多年草。（左）
Cyn. gibbosa　キノルキス・ギッボサ　遠くからでも目立つ花。マダガスカルの高地産。（右）

Rl. digbyana ‘Yoko’ HCC/AJOS　リンコレリア・ディグビアナ　‘ヨウコ’
唇弁が大きく、周辺には細かく深い欠刻が入る。一度見たら忘れられないでしょう。撮影：武井直義氏

Coel. pandurata ‘Toki’ HCC/AJOS　セロジネ・パンデュラータ ‘トキ’
墨のような黒い模様が珍しいと同時に、色彩的にも美しい。
撮影：武井直義氏

賑やか談話室 植物学ー02 ランの香り

2012.6.

麦秋の喧噪が過ぎると毎年、美しい蝶が我が家の芝生にやって来ます。ベニシジミと呼ばれる彼女を観察していると、梅雨時に開花するネジバナをしきりに訪れています。ネジバナの花粉を運ぶのは彼女たちだと私は思いこんでいましたが、文献を調べてみるとそれはハナバチの仕事のようです。

ランの多くは虫媒花に属し、夫々特定の昆虫に花粉を運んでもらって繁殖します。蝶でも蜂でも良いという訳ではないのです。何とも心もとない印象を受けますが、とても効率の良い方法なのだそうです。ランが昆虫を誘う様々な手段の中で、香りは重要な要素の一つです。お目当ての昆虫ごとに香りが異なると言われています。例えば、カトレアなどの蜂が花粉を運ぶ蘭の花は、甘くスパイシーな香りがします。カトレアの中でも品種によって香りが異なり、バラ、スイトピー、スズラン、ジャスミン、桜餅などに例えられるのですが、自生する地域毎に蜂の種類が異なるからなのでしょうね。

蝶に花粉を運んでもらうランの花はほのかな良い香りがすると言われています。対照的に、蛾が花粉を運ぶランの花からは夜間に強く甘い香りが漂います。いずれも、蝶と蛾の口吻に合わせるように花の一部が変形してチューブ状になり、その中に蜜を貯えています。昼間飛ぶ蝶を呼ぶには香りよりも色彩の方が有効なのでしょうし、暗闇の中で蛾を呼ぶためには強い香りが必要なのでしょう。日本原産のフウランはスズメガの仲間によって受粉するそうですが、夕方から瑞々しさと甘さが調和したすばらしい香りを漂わせ、体の中から癒される感じがします。ハエが花粉を運ぶランも少なくありませんが、ご想像通り、花の香りというよりは悪臭に近い印象です。

ランの香りは香水や香料（バニラの果実を使います）として利用され、人間をも魅了しています。さらには癒しの効果も期待されますので、科学的な検証をして欲しいものです。

ネジバナの蜜を吸うベニシジミ

Bulb. longiflorum 'Tokyo'
バルボフィラム・ロンギフロルム 'トウキョウ'
ハエが花粉を運ぶランで、人間にとって好ましい香りではありません。

V. falcata バンダ・ファルカタ
日本にも自生し、フウランや富貴蘭と呼ばれる。夕方から夜に、瑞々しく甘い、とても良い香りを漂わせます。

C. warscewiczii 'Hakushu' カトレア・ワーセビッチー 'ハクシュウ'
夏咲きのカトレア原種で、バラのような香りがあります。

賑やか談話室　植物学ー03　春の香り

2019.3.

先日知り合いの栽培農家を訪問すると、温室の中が甘い香りで満たされていることに驚きました。香りの主はパフィオペディルム・デレナティという、薄桃色の可愛い花です。主としてベトナムに自生しているランで、日本では2月から3月に開花します。白粉のようなパウダリーノートに桃のようなフルーティーノートが同居した、甘くてメロウな香りで、鼻の中に長く残ります。一輪一輪の香りは強くないのですが、たくさんの花が集まると大きな温室を満たすほどです。自分の温室に戻ると、似た香りに気付きました。2週間前から咲いているデンドロビウム・スペシオサムの香りですが、これまで気がつきませんでした。先ほどの温室で嗅細胞が刺激され、活性化したのでしょうか。デレナティと同じパウダリーノートですが、桜餅のような、清楚さがさらに強く、離れるとさっと消える感じです。このランは、オーストラリアの東海岸に自生する大型のデンドロビウムで、日本ではタイミンセッコクやダイミョウセッコクとも呼ばれます。晩秋に低温に当て、水切りをしないと花が咲きにくい性質です。

多くの洋ランにとって春は植え替えの適期ですが、鉢数が多いため、なかなか手が回りません。大株作りにしたり、植え替え不要の栽培方法を考えたりすることは、時間削減のための有効な解決策になります。ちょうど満開を迎えた、大株作りのカトレア・モッシエはベネズエラ国花で、ゆったりと咲く花の形に特徴があります。一方、遮光材を筒状に巻いて網で覆った人工物に着生させてみたレナンセラ・イムシューティアナも、現在の栽培方法が気に入っている様子です。ちなみにこの品種は、自生地であるベトナムで絶滅危惧種に指定されています。国際条約によって野生株を購入することはできませんが、国内で交配された苗が流通しています。

彼岸頃になると、日長が伸びたことを感じて、多くのランが今シーズンの成長を開始しています。旺盛な新芽の成長を見ていると、私自身も元気付けられる気がします。

Paph. delenatii 'Mei'　AM/AJOS
パフィオペディルム・デレナティ‘メイ’
薄桃色の丸い花と芳香に人気がある。

Den. speciosum　デンドロビウム・スペシオサム
育てやすい一方、晩秋の低温・乾燥処理をしないと花が咲きにくい。

C. mossiae 'Memoria Toshiko Saitoh'　HCC/AJOS
カトレア・モッシエ‘メモリア トシコ サイトウ’
ゆったりと咲く本種らしい花形の大輪花。

Ren. imschootiana 'Forest Sparkler'
レナンセラ・イムシューティアナ‘フォレスト スパークラー’
朱赤色の大きな花は独特の形で、大株になると見事。

賑やか談話室　植物学ー04　八重山の風が育んだバンダ・ラメラタ

2013.3.

2月2日、早朝でも半袖で散歩できるほど暖かい沖縄の海洋博公園で、第11回アジア太平洋蘭会議と蘭展が開幕しました。蘭会議は学術集会で、各国の研究者が最新の研究成果を発表しました。一方の蘭展では、沖縄県八重山地方産のバンダ（*V.*）・ラメラタがグランプリを受賞し、話題を集めました。淡桃色の花を500輪も開花させ、華やぎの感じられる見事な作品に仕立てられた永井 清氏の技術と情熱が賞賛されたと同時に、地元産のランが国際大会で最優秀となる栄誉を獲得した訳ですから、関係者の喜びも一入だったことでしょう。

V. ラメラタは、琉球諸島から台湾、ボルネオ、フィリピン、マリアナ諸島に及ぶ、広大な地域に自生する中型のランで、和名をコウトウヒスイラン（紅頭翡翠蘭）といいます。海辺の崖や海岸近くの森に生える木々の幹や枝に着生し、春に花を咲かせます。花は一輪の大きさが4cmほどで光沢があり、白色に近いものから濃黄色や濃桃色まで色彩の変異が大きく、1本の花茎に20輪くらい着きます。蘭展会場には10株以上の展示がありましたが、個体ごとの差異を見比べていくと飽きることがありませんでした。

蘭会議の会場を出ると目の前にホウオウボクの大木があり、そこに着けられた *V.* ラメラタもちょうど満開でした。望遠レンズを通して観察すると、木の表面に張り巡らされた根の量が尋常ではないことに気づきました。考えてみれば、此の地に来てからいったい何度、台風の暴風雨にさらされたことか。あれだけの根を張ることができたから生き残れたのでしょう。私がラン栽培を始めて日が浅い頃、鉛筆ほども太く、固く白い根を見て不思議に感じたことを思い出しました。白く見えるのはスポンジのような組織が表面を覆っているからで、そこに水分を蓄えて乾燥に対応しているのです。樹上の *V.* ラメラタは厳しい環境に耐える苦しさなど微塵も感じさせず、爽やかな潮風に吹かれ、気持ち良さそうに揺れていました。

（左）
Gur. aurantiaca 'Yoko's Candy'
グアリアンセ・オーランティアカ 'ヨウコズ キャンディ'
沖縄で優秀賞を受賞した。
写真提供：沖縄国際洋蘭博覧会実行委員会（左右とも）

（右）
V. lamellata 'Long Well'
バンダ・ラメラタ 'ロングウェル'
グランプリを受賞した株。明るい色彩の個体で、全体のバランスがすばらしい。

（左）樹上のバンダ・ラメラタ　開花した姿は可憐だが、無数の根が厳しい自然環境を物語る。
V. ラメラタは色彩変異に富む。沖縄で展示されていたコントラストの美しい個体（中）や、世界らん展日本大賞2013で展示された、地色が濃桃色の個体（右）も印象深かった。

賑やか談話室 植物学ー05 世界最大のラン

2013.9.

先日、近くの筑波実験植物園で、世界最大のランが世界最大規模で開花したと聞き、見に行きました。話題の主はグラマトフィラム(*Gram.*)・スペシオサムという原種で、インドシナ半島からソロモン諸島の熱帯雨林に自生する多年草です。女性の手首ほどの太さで長さが２～３ｍの、棍棒のような茎が株元からたくさん伸び、その根元から３ｍ位の花茎が18本も！合計1500輪ほどの花が咲いていました。８年前に開花した時とは比較にならない迫力と存在感がありました。この株の重さは400kgを超えるそうですが、ギネスブックの記録では2000ポンド（907kg)、1851年にロンドンで開かれた第１回万国博覧会で脚光を浴びた本種の大株は２トン以上あったそうです。自生地ではこうした大株が大木の幹に着いているのですから、熱帯雨林のスケールの大きさには驚かされます。

国内での開花記録は数えるほどしかありませんが、少ない理由はワンボックスカーが隠れるほどの大きさだけではありません。栽培には高温多湿が必要ですし、充分な光と風通も不可欠なのです。日本では理想の環境を再現することが難しく、数年に１回花が咲けば成功というのが現状です。グラマトフィラム属には12種が知られています。今年４月に同園で咲いていた*Gram.* キナバルエンセはボルネオ北部に自生する希少種で、おそらく日本で初めての開花でした。昨年はショクダイオオコンニャクが話題を集めました。充実した同園のコレクションは、高い栽培技術によって栽培困難種や希少種が続々と開花し、植物ファンを魅了し続けています。

熱帯産といっても大きな株ばかりではありません。ちょうど同じ頃、私の温室ではマクロクリニウム・マナビヌムという小型のランが、ピンクの花をボール状に咲かせていました。エクアドルの海岸近く、暑くて乾燥した林に自生しています。株幅５cm、花は１輪が１cmと小さいのですが、よく見ると可憐な美花で、線香花火のような咲き方にも風情を感じます。

Macroclinium manabinum
マクロクリニウム・マナビヌム
エクアドルの暑くて乾燥した林に自生する小型種。花は小さいが可憐な美しさ。

Gram. kinabaluense
グラマトフィラム・キナバルエンセ
ボルネオ北部に自生すると言われる希少種。スペシオサムよりは小型の株で、花の色や形も異なる。撮影：鈴木和浩氏

Gram. speciosum
グラマトフィラム・スペシオサム
重さが400kg、1500輪もの花を咲かせた国内有数の大株。ラン科植物の中で最も大きな種として有名。撮影：鈴木和浩氏

賑やか談話室　植物学ー06　オフリス

2015.3.

温室の植物を観察していると、2月中旬から急に日差しが強くなり、葉の色が変わります。3月中旬ともなると、締め切った温室の温度は急激に上昇し、時には40℃にもなってしまいます。勿論それでは良い発育は望めませんから、出口や側面の窓を少し開けて温度を調節するのですが、仕事を持つ趣味家には思うに任せないことが度々です。

春に咲くランはたくさんあるのですが、今回はオフリスというちょっと珍しい花をご紹介しましょう。オフリスは地中海沿岸からヨーロッパに分布する地生ランで、昆虫にそっくりな花を咲かせることで有名です。以前にもご紹介しましたが、ランは基本的に特定の昆虫に花粉を運んでもらって繁殖します。送粉者である昆虫を誘うために、香りや蜜を始めとして様々な方法を編み出してきましたが、その中で最も巧妙で策略に満ちたものが、雌の昆虫そっくりの花と言われています。雄の昆虫、多くはハチなのですが、に交尾への期待を抱かせおびき寄せ、'雌もどき'との実りなき努力の過程で雄バチの背中に花粉が付いてしまうのです。「娼婦のラン」という表現を目にしたこともあります。

写真を見ていただくと、繊毛や曲がった脚、玉虫色に輝く腹部の様子までを再現する、あまりのリアルさに驚かれることと思います。嫌悪感を感じられる方がいらっしゃったら、お詫び致します。花によっては雌バチが緑色の花に頭を埋めているようにも見えますし、雌が分泌するフェロモンによく似た匂いまで発するというのですから、ランの進化には空恐ろしささえ感じます。

このグループは夏の暑さが苦手で、春から初夏に花が終わると間もなく葉も枯れ、卵形の塊根(球根)で休眠します。秋になるとロゼット状に葉を広げ、また春に開花します。深めの鉢に赤玉土、鹿沼土、軽石砂などの混合土に堆肥を1～2割ほど混ぜた水はけよい用土で植え、夏の間は日陰で乾燥、冬は凍らない所で日光に当ててあげると良いでしょう。

(左上)
O. tenthredinifera
オフリス・テントレディニフェラ
南ヨーロッパから中東産で、別名ハバチラン。

(右上)
O. scolopax
オフリス・スコロパクス
ヨーロッパから地中海沿岸に分布し、別名ヤマシギラン。

(左)
O. cretica
オフリス・クレティカ
ギリシャ産。

(右)
O. sphegodes
オフリス・スフェゴデス
スカンジナビア半島を除くヨーロッパから中東まで広域に分布し、別名クモラン。

撮影：全て谷亀高広氏

賑やか談話室　植物学ー07　クマガイソウとアツモリソウ

2015.6.

ゴールデンウィークの一日、東京近郊にあるクマガイソウという野生ランの自生地を案内していただきました。緩やかな起伏のある広大な竹林の中にありましたが、生えていたのはほんの一画のみで、生育適正条件が狭いと言われる特徴を実感しました。もともとは北海道南部から九州にかけて、低山の竹林や杉林などを中心として各地に自生していたそうですが、栽培のための乱獲によって現在は激減してしまいました。

クマガイソウの学名はシプリペディウム（*Cyp.*）・ジャポニカムといいます。シプリペディウム属の花は大きく膨らんだ中央の唇弁が特徴で、多くが温帯に自生するため、秋には地上部が枯れて地下茎で越冬します。ユーラシア一帯とメキシコ以北の北アメリカに約40種、日本国内にも7種が自生するとされています。クマガイソウと知名度を二分するのがアツモリソウ（*Cyp.* マクラントス）です。こちらは中部地方以北の本州と北海道に自生しています。礼文島にのみ自生するレブンアツモリソウは、紫紅色遺伝子が上手く働かない変異個体群で、北海道本島には白花はほとんどありません。

もうお気づきになられた方もいらっしゃるでしょうね。1184年、笛の名手で平 清盛の甥にあたる16歳の平 敦盛は、一ノ谷の合戦で熊谷直実に討たれました。その様子は平家物語に描かれた後、能『敦盛』、幸若舞『敦盛』、文楽／歌舞伎『一谷嫩軍記』などの題材となりました。当時の武士は、背後からの流れ矢から身を守るために、クマガイソウの唇弁のような大きく膨らませた袋（母衣）を背負っていたそうです。二人に因んだ和名にはやるせなさが残ります。

今回ご紹介した日本の野生ランは、何れも環境省レッドリストで絶滅危惧種に指定されています。激減の主な理由は乱獲ですが、我々が手元で上手に栽培することは困難です。ファインダー越しに観察したクマガイソウは風に揺れ、木漏れ日に繊毛が輝いていました。自然の中でありのままの花を観賞する楽しみを、多くの方に知っていただきたいと思います。

(上)
Cyp. japonicum　シプリペディウム・ジャポニカムの自生地と花のクローズアップ。周囲の孟宗竹を不用意に伐採するだけでコロニーが消えることもあるという。和名 クマガイソウ。

(左)
Cyp. macranthos　シプリペディウム・マクラントス
紫紅色の花は中央の唇弁が大きく印象的。和名 アツモリソウ。
撮影：谷亀高広氏

(右)
Cyp. macranthos fma. *rebunense*
fma. レブネンセ
アツモリソウの紫紅色遺伝子が上手く働かない変異個体とされるが、礼文島には白花が圧倒的に多い。和名 レブンアツモリソウ。撮影：谷亀高広氏

賑やか談話室　花紹介ー01　カトレア・ラビアータ

日本人は四季の変化を敏感に感じ取り、季節感を大切にして来ましたが、四季折々に咲く花々はその大切な要素です。熱暑をやり過ごしたラン愛好家に秋の到来を告げる花、それがカトレア・ラビアータです。この花は、ブラジルの東北部に自生していますが、英国でカトレアという名前を与えられた最初の花として有名です。とは言っても、1818 年に英国に持ち込まれた時は、ブラジルの珍しい植物の間を埋める充填材でした。探検家自身も花を見たことがなかったのです。

ランの仲間は約 3 万種と言われ、一年を通して様々な花が咲いています。ただ、それぞれの種類によって咲く時期が決まっていて、原則は 1 年に 1 回しか咲きません。ですから、ちょうど花が咲いている時期に現地に行かないと、どんな花を咲かせるものなのか全くわからないものなのです。

1821 年に開花したラビアータは、今まで誰も見たことのない、大きく美しい花でした。その後、70 年以上に及ぶ自生地不明の時期を経て、愛好家が最も愛する品種の一つとして、現在でもたくさんの株が栽培されています。豪華な雰囲気の中にどことなく野趣が感じられる花の形、多彩な色の変化、そしてすばらしい香りなどが人気を得ている理由でしょう。春に生育を始め秋に花をつける性質から、冬越しが容易で、日本の気候でも栽培しやすい「エコ品種」とも言えます。

温室は今日もラビアータの花盛りで、とても良い香りに包まれていますが、その中に変わった花を見つけました。ハベナリア・メデューサといって、インドシナ半島からマレーシアに生えている、サギソウの仲間です。サギソウもランなのです。サギソウよりも大きな花で、背丈も伸びます。鳥が羽を広げたような花も魅力的ですが、花弁が風になびく姿も風情があって良いものです。

C. labiata 'Akiko'
カトレア・ラビアータ‘アキコ’
標準的な色彩の大輪花で、野趣を残した良花。撮影：武井直義氏

C. labiata 'Fowleyana'
カトレア・ラビアータ‘フォウレイアナ’
アモエナやアメシアナと呼ばれる色彩で、中央の赤紫色が桃色に変化した、とても淑やかな花。

Hab. medusa 'Yoko'
ハベナリア・メデューサ‘ヨウコ’

賑やか談話室　花紹介ー02　梅雨空の下で輝くスターたち

2013.6.

カトレア（*C.*）には100種以上の原種が知られ、一年中某かの花が咲いています。他のランと同様に、夫々の咲く時期は毎年ほぼ一定で、梅雨入りを待っていたかのように咲くカトレアも少なくありません。鬱陶しく感じられる季節ですから、今回は目に染みるような鮮やかな花をご紹介しましょう。

ラン展会場で衆目を集めていた大株の*C.*ミレリは、鮮やかな赤い花でした。鉄鉱露岩地の岩の上に生えているのだそうで、本来は鉄錆色の花なのだと聞いたことがあります。花の直径は約5cmで、30cmほどの花茎に10輪近くの花が咲きます。染め分けが入ったもう一つの派手な花は*C.*ブリーゲリです。一般には黄色い花ですが、写真の花は色彩が特異な選別個体です。これらは岩生種と呼ばれ、岩の上のわずかな有機物もしくは岩の割れ目などに根を張って生活しています。過酷な環境に対応して進化したのでしょう、株は小型で葉が厚く、一般的なカトレアとは草姿がかなり異なります。どちらもブラジルのミナス・ジェライス州産で、自生地の標高が1000～1300mと高いため、冬越しは6、7℃あれば大丈夫。夏も暑がらず、初心者でも失敗が少ない品種と言えます。

*C.*チグリナは高さが1m以上もあって、温室の中でもひときわ目立つハンサムボーイです。25cmほどの花茎に直径約7cmの花を20輪以上も密に咲かせますので、とてもゴージャスで見応えがあります。一般のカトレアは葉が1枚であるのに対して、こちらは双葉です。ブラジル南部の海岸沿いの森に自生しているので、栽培には暖かい環境が適しています。強めの光と充分な通風など、中級者向けの品種です。

今回ご紹介したカトレアたちは、花茎が長く、輪数が多い反面、花が小さく、形は星形です。ランの花は一般的に、丸くて大きなものが上等とされていますが、梅雨に咲くスターたちは見慣れた大輪花とは違った魅力を発散し、画一的な物の見方を諌めているようです。

C. milleri 'Gon'
カトレア・ミレリ‘ゴン’
200輪以上も咲いた見事な大株で、鮮やかな赤い花色が魅力的な佳品。夏のらん展会場で衆目を集めた。
栽培：草野美枝子氏

(左)
C. briegeri fma. *flamea* 'Lena' BC/JOS
カトレア・ブリーゲリ fma. フラメア‘レナ’
一般には黄色い花だが、その上に紫紅色がのって染め分けとなった、印象的な色の選別個体。

(右)
C. tigrina 'Cetro de Esmeralda' CBM/AJOS
カトレア・チグリナ‘セトロ デ エスメラルダ’
地の緑色が濃く、唇弁が本来の紫紅色から白色に変化した、珍しい色彩の有名個体。

賑やか談話室　花紹介－03　カトレア・パープラータ

2010.6.

梅雨の憂鬱を吹き払ってくれるブルーの花は、この時期たいへんありがたい活力剤です。庭の紫陽花は雨に打たれているのに、ご機嫌が良さそうです。温室の中でひと際輝いているのは、ブルーの唇弁を持ったカトレア・パープラータ。ブルーといっても朝顔や紫陽花の青ではなく、青みがかった紫にちょっと墨を溶かしたような、落ち着いた色彩です。カトレアの標準色と言われる赤紫色も、朝顔の青色も、アントシアニンという色素によるものだそうです。野生株の中から極めて稀に見つかる、青みがかったカトレアの花が園芸の世界では珍重されますが、なぜ赤紫色になったり青くなったりするのか、諸説があって結論は得られていないそうです。

初夏を彩るカトレア・パープラータは、ブラジル南部のリオ・デ・ジャネイロ州からリオ・グランデ・ド・スール州にわたって自生しています。現地でも愛好家が多く、ブラジルの準国花とも言われるほどです。2016年のオリンピックはご当地開催ということになります。カトレアがたくさん自生しているブラジルですから、会場を飾ったりコサージュなどに使われる花はカトレアではないかと思うのですが、パープラータの開花時期でないのが残念です。

夏の洋らん展でひときわ目立つこの品種の特徴は、純白から濃紫紅色に至る多様な色彩変化と栽培が容易なことです。花の色や模様の入り方の変化を追求する熱心なコレクターがいらっしゃいますし、花の写真だけを集めた本もあるほどです。一方、寒さに強く、根腐れをおこしにくいという性質は、らん栽培を始めようとされる方にはもってこいの品種と言えます。北関東以西では無加温の窓際で越冬できますので、手に入れる機会に恵まれたら、ぜひチャレンジしてみてください。優雅な梅雨の楽しみ方としてお勧めします。

C. purpurata fma. *werkhauseri* 'Yoko's Umbrella'
カトレア・パープラータ fma. ワークハウゼリー　'ヨウコズ アンブレラ'
少し墨を溶かしたような紫青色を帯びた唇弁が清々しさを感じさせる大輪花。2010年の第50回蘭友会らん展大賞受賞。

C. purpurata fma. *striata* 'Millionaria'
カトレア・パープラータ fma. ストリアータ　'ミリオナリア'
花弁に筋状の模様が入る花をストリアータと呼びます。色が濃く花の形が良い、有名な選別個体。

C. purpurata fma. *carnea*
カトレア・パープラータ fma. カルネア
唇弁にサーモンピンクを彩るものをカルネアと呼びます。色彩が特に濃く、花の大きな選別個体。

賑やか談話室　花紹介－04　夏に咲くデンドロビウム

2014.6.

梅雨の晴れ間に照りつける日差しは強く、うっかりするとランの葉に葉焼けをおこしてしまいます。汗だくになりながら、昼休みに慌てて日除けを張るのもこの時期ならでは。一仕事終えてほっと一息つくと、目に飛び込んで来た花達によって疲れも吹き飛びました。今回は夏に咲くデンドロビウム（*Den.*）をご紹介したいと思います。

私のお気に入りの一つが *Den.* ウイリアムシアナムです。清々しい薄紫の花弁と濃紫青色の唇弁のコントラストが美しい上に、一輪の直径が約8cmもある大輪のため、たいへん見栄えがします。細長い花径を弓なりにしならせながら、薄紫色の美花が2列に並ぶ風情も素敵です。暑く乾燥したサバンナ地帯に自生し、時には6ヶ月もの間、朝露のみで暮らすのだそうです。自生環境の再現が困難なため、栽培困難種に挙げられることもあります。*Den.* スミリエも暖かいというよりは暑いような環境を好みます。前者と対照的に、太くて短い花径に、蝋質の可憐な花を総状に咲かせます。濃緑色の唇弁がたいへん目立って、花の存在感を示す一方、萼片の先端に乗った小さな緑色が可憐さを演出しているように感じます。*Den.* ブラクテオサムは海岸や川岸のマングローブに着生するので、高温多湿の環境を好みます。短い花径にたくさんの花が球状に咲き、とてもにぎやかな印象です。花色に変化が多く、収集欲を刺激します。以上3種はいずれもパプアニューギニアの低地産で、株の姿は細長い円柱状ないしは紡錘状です。

Den. トリーチェリアナムはボルネオとフィリピンのやや高地に自生するデンドロビウム、株の姿はがっしりタイプです。カトレアと一緒の環境で栽培できますが、湿度は高い方が良いようです。成株になると花径は1m以上にも伸び、直径8cmほどの花を50輪近くも着け、たいへん見事です。

「自分が帽子を被りたくなったら、ランの上にも遮光剤を張れ」と教わったことがあります。夏から秋の彼岸頃まで、如何に涼しく過ごさせるかが管理のポイントです。

Den. bracteosum
デンドロビウム・ブラクテオーサム
海岸や川岸のマングローブに着生する。花色に変化が多い。

Den. treacherianum
デンドロビウム・トリーチェリアナム
成株になると花径は1m以上にも伸び、直径8cmほどの花を50輪近くも着け、たいへん見事。

Den. smillieae fma. *alba* 'Mei'
デンドロビウム・スミリエ fma. アルバ 'メイ'
一般種は花の中心部が桃色を帯びるが、写真の花は色素が抜けて葉緑素の緑が現れた変異個体。

Den. williamsianum
'Summer Beauty'
HCC/AJOS
デンドロビウム・ウイリアムシアナム 'サマー ビューティ'
涼し気に並んで咲く花は、薄紫の花弁と濃紫青色の唇弁とのコントラストが美しい。

賑やか談話室　花紹介－05　アンデスから来たマキシラリア

2016.6.

マキシラリア（*Max.*）というランの名前をお聞きになったことはありませんか。中南米が原産のオンシジウムの仲間で、極小輪の小型種から大型種まで、約250種類の多彩な原種が知られています。分布域はメキシコ北部からアルゼンチン北部までと広大で、標高も0から3500メートルに及ぶそうです。この仲間を大別すると、メキシコ・中米・ブラジルの低地原産で、丈夫で栽培しやすいグループと、アンデス山脈の高地を原産地とする暑さに弱いグループに分けられます。前者は一般的に流通していて、園芸店で見かけることも少なくありません。一方後者は、洋ラン専門店以外で取り扱われることは少なく、栽培も難しいのですが、花の観賞価値という点では優秀です。今回は開花シーズンを迎えた、アンデス産のマキシラリアを三種ご紹介いたします。

Max. レーマニーはエクアドルからペルーにかけて、アンデス山脈西側の雲霧林に自生する大型種で、花の大きさは12cmほどです。花弁と萼片は質の高いきれいな白色で、黄色や赤褐色に染め分けられた唇弁とのコントラストは本属の中でも特に美しいものの一つです。株が大きくなっても、緑の葉と白い花とのバランスが良く、とても上品な鉢物になります。*Max.* サンデリアナも同じ地域に自生し、花の大きさもほぼ同じですが、花茎がいったん下に伸びた後Jカーブを描いて立ち上がり、横向きに花を咲かせる点が大きく異なります。樹上に暮らしていた名残が感じられます。花の色は白地に紫紅色の模様が一般的ですが、地色がオレンジの個体もあります。*Max.* フラクティフレクサはコロンビアからエクアドルに自生しています。羊の角のようにカールした花弁の形がなんともユーモラスで、一度見たら忘れられない花ではないでしょうか。

今回ご紹介した種類は夏の暑さを嫌います。関東以南では夏季の山上げ栽培ないしは冷房温室が必要です。素焼き鉢に水苔で植え付け、2、3日に1回薄い液体肥料を溶かした水を潅水します。風通しを良くしてあげるとよく育ちます。

Max. lehmannii 'Akiko'
マキシラリア・レーマニー'アキコ'
花弁と萼片が質の高いきれいな白色のため、葉の緑とのコントラストが美しく、唇弁の黄色と赤褐色も引き立って見える。
撮影：武井直義氏

(左)
Max. sanderiana fma. *xanthina* 'Apricot'
マキシラリア・サンデリアナ fma. ザンシナ'アプリコット'
地色がオレンジ色の色彩変異個体。

(右)
Max. fractiflexa 'Pecco 'HCC/AJOS
マキシラリア・フラクティフレクサ'ペコ'
羊の角のようにカールした花弁の形がなんともユーモラス。撮影：武井直義氏

賑やか談話室 花紹介ー06 ミルトニア

2010.9.

今年の夏は記録に残る暑さでした。鑑賞用に栽培されるランの多くは熱帯から亜熱帯の高原生まれで、真夏日も霜も知りません。猛暑日ともなると、温室内は40℃位になってしまいますから、多くのランはやっと耐えているという状態でした。私も昼休みにちょっと覗いては這々の体で逃げ帰る毎日でしたが、そうした中でも元気に咲いてくれる花があって、見つけた時には声援を送りたくなる気持ちにさせられます。燃え盛るように咲いている赤紫色の大きな花はミルトニア(*Milt.*)・モレリアナ。ブラジルからヨーロッパに持ち込まれた後、フランスのモレル氏の手で初めて開花したことから、モレリアナと命名されました。花期が長く10月まで楽しめます。比較的栽培しやすい品種ですが、根が髪の毛ほどに細いため、鉢の中を乾燥させないことが肝心です。株姿や花の形が似ているため以前は同種とされていた*Milt.* スペクタビリスは5、6月頃に開花する、とても清楚な花です。

もう一つ、可憐で涼しげな花を見つけました。ブラソカトレア・ガルフショアズビューティという名前で、緑と赤桃色のコントラストがとても美しい花です。星形の花は原種か、近縁の交配種がほとんどですが、この花はブラサボラ(*B.*)・ノドサとカトレア・ドーマニアナという原種同士を交配したものです。形は母親似、色彩は父親似です。少し涼しくなった夜、コオロギの演奏会が繰り広げられる温室をそっと覗いてみると、ミカンの花のような芳香が漂ってきました。香りを頼りに探してみると、欧米では「夜の貴婦人」とも呼ばれる*B.* ノドサの白い花が月明かりの中に浮かんでいました。一般に、白いランの花は夜に香るものが多く、ほとんど例外無く良い香りです。色彩を纏ったためでしょうか、我が家のガルフショアズ ビューティは香ることを忘れてしまったようでした。

Bc. Gulfshore's Beauty ‘Emerald Star ’AM/AJOS
ブラソカトレア・ガルフショアズ ビューティ ‘エメラルド スター’
緑と紫紅色の染め分けが特に美しい個体。

B. nodosa
ブラサボラ・ノドサ
地味な花だが、夜の香りが絶品。

Milt. moreliana ‘Poco Poco’ HCC/AJOS
ミルトニア・モレリアナ ‘ポコポコ’
猛暑の中で燃え盛るように開花する。色が濃く花も大きい。

Milt. spectabilis ‘Waltz’ AM/AJOS
ミルトニア・スペクタビリス ‘ワルツ’
本種の中でも形が良く、大輪の選別個体。撮影：武井直義氏

賑やか談話室　花紹介ー07　丹誠を込める　洋ランと日本の夏

2012.9.

今朝、知り合いの女性を見かけました。一見畑を這っているように見えた彼女は、腰をくの字に曲げ、地面すれすれから如雨露の水をそっとかけて歩いているところでした。おそらく何かの種を播いたのでしょう。丹誠とはこういう事だと言わんばかりの、我が子を慈しむような優しい仕種でした。私も洋ランに愛情を注いでいるつもりですが、まだまだです。

多くの洋ランにとって日本の夏は暑すぎるようで、8月から9月には温室のあちこちで夏バテの兆候を見かけます。そうした中でも、元気に咲いている花があります。デンドロビウム・ストラチオテスはもともとインドネシアの島々に自生していたため、暑さに強い品種です。角のように見える部分が花弁で、ここからフェロモン様物質を拡散させてハチを集めるのだそうです。拡散効率を良くするために、ねじれたリボンのような形に進化したというのですから驚きです。

鮮やかな赤燈色の花を咲かせているのはハベナリア・ロドケイラです。主としてマレー半島に生えている地生ランで、冬の間は球根で過ごす寒がり屋さんです。日本のサギソウに近縁で、強い光は好みません。唇弁と呼ばれる部分の形が面白く、色彩も黄色、紅色、桃色、橙色とバラエティーがあります。葉が枯れてから翌年新芽が見えるまで完全に水を断つというコツさえ覚えてしまえば、栽培は容易です。

温室の外に吊られ、午前中だけ直射日光を浴びてご機嫌なのは、バンダ・ナラというフウランの子どもです。大輪のバンダと交配することにより、花が大きく美しくなった一方、日本産のフウランの血を受け継いで、寒さにも暑さにも強い性質は、栽培する上でたいへんありがたいものです。冬以外は一年中開花しています。

人はなぜ植物の世話によって癒されるのかは解りませんが、冒頭のご婦人はきっと満足できる一日を過ごされたことでしょう。私も幸せな気分を分けていただきました。

Den. stratiotes 'Akiko' HCC/AJOS
デンドロビウム・ストラチオテス　'アキコ'
暑さに強い品種で、真夏でもたくさんの花を着ける。
撮影：全て武井直義氏

Hab. rhodocheila　ハベナリア・ロドケイラ
サギソウに近縁で、夏から秋に鮮やかな色彩の花を咲かせる。

V. Nara 'Yumika' HCC/AJOS
バンダ・ナラ 'ユミカ'
フウランの子どもで、性質は強健。ピンク色で優しそうな花を年に何度も咲かせる。

上の写真から花一輪をクローズアップ。角のように見える部分が花弁で、ここからフェロモン様物質を拡散してハチを集める。

賑やか談話室　花紹介ー08　暑さに負けないバンダの仲間

2014.9.

ランは被子植物の中で最後に地球上に現れたといわれています。生まれて来た時には、発育に都合の良い草原のような場所はたくさんの植物が生い茂り、新参者が入り込む余地はなかったそうです。そこで木の上や藪の中、木の下等で生活する種類が多いのだそうです。バンダ（*V.*）の仲間もご多分に漏れず、白く太い根を樹木の表面に張り巡らせて体を固定し、茎はほとんど分枝せずに上に上にと伸びる単茎種です。種毎に開花する時期が大凡決まっているのですが、カトレアほど厳密なものではありません。

残暑の中、清々しい花を咲かせていたのは*V.* ソムスリ・ゴールドという交配種でした。*V.* サンデリアナという原種の白花を基に、より大きくて丸い白花を目指して作出されました。暖かく高湿度、充分な日照を求めますので、一般のご家庭での栽培には向きませんが、条件さえ良ければ1年に3回も開花します。ただ、白いバンダは虫がつきやすく、擦れ等の跡も目立つため、きれいに咲かせるのはとても難しいものです。バンダというと青い編み目模様の花が有名ですが、こちらは耐寒性のある原種 *V.* セルレアから発展したものです。最近の交配種は赤やピンク等、多様な色彩が楽しめます。

交配種と比較すると、原種バンダの花は小さいものです。白地に紫紅色の模様が美しいのは *V.* ジェンナエで、2005年に報告された新種です。インドネシアのスラウェシ島産ですから、暖かい環境を好みます。夜になって、柑橘系の爽やかな香りを漂わせるのは、*V.* デニソニアナです。丸くて淡いオレンジ色の花は、それ自体栽培欲を刺激するのですが、香りの方も一級品です。夜香るということは、蛾に花粉を運んでもらっているのでしょうか。一般には初夏に開花します。

先日寄せ植えを作ったパピリオナンセ・テレスもバンダの仲間です。床の間に飾れるようなものをイメージしたので、東洋蘭に使われる京楽焼錦鉢を使ってみました。和風を纏った洋ランもなかなか素敵なものです。

V. Somsri Gold 'Akiko' HCC/AJOS
バンダ・ソムスリ ゴールド 'アキコ'
丸くて大きな、バンダの白花を目指したもので、清々しい秀花。
撮影：武井直義氏

V. jennae 'Yoko' HCC/AJOS
バンダ・ジェンナエ 'ヨウコ'
スラウェシ島産の新種で、白地に紫紅色の模様が美しい。

V. denisoniana 'Mei' バンダ・デニソニアナ 'メイ'
夜になると、柑橘系の爽やかな香りを漂わせる。
撮影：武井直義氏

Ple. teres fma. *alba* 'Oyamazaki'
パピリオナンセ・テレス fma. アルバ 'オオヤマザキ'
白い花が京楽焼錦鉢に映える。

賑やか談話室　花紹介ー09　秋に咲くカトレアの仲間

2015.9.

秋に咲くカトレアの仲間は栽培しやすく、大株にするととても見事です。洋ランを栽培する者にとって身近に感じられる品種がたくさんあるのですが、その中から今回は原種を二つご紹介いたします。

イギリスで初めて開花し、カトレアという名前の由来にもなったカトレア（*C.*）ラビアータは、1818年に開花した後、71年もの間、産地が不明でした。発見者が嘘の産地を教えたまま、死んでしまったのです。ヨーロッパ各国から多くの植物採集人がブラジルへ派遣されましたが、徒労に終りました。そうした最中の1838年、リバプールで*C.*ペリニーが開花しました。自生地はブラジルのリオデジャネイロ州とエスピリトサント州です。当時カトレアは最も人気がある植物でしたから、大輪で秋に咲く*C.*ペリニーは*C.*ラビアータの代役としてたいへん珍重されました。花弁が薄いため傷付きやすく、花命も短い等の欠点から、現在では主役の座を明け渡していますが、野趣を感じさせる花の形に根強い人気があります。

もう一つは、「秋の小妖精」ことグアリアンセ（*Gur.*）・ボーリンギアナです。グアテマラ、ベリーズの標高200～900mに自生しています。他の仲間同様、木に着生しているものもありますが、渓流の岩の上で成長するのを好むと言われています。適応能力が高いため、古くから初心者向けのカトレアとして有名ですが、適切に管理すれば株の高さが75cmほどになり、大株にすることも可能です。花の直径が7.5cmほどと小さい反面、多輪性が特徴です。1花茎に30輪以上もの花を咲かせるととてもゴージャスで、秋の洋ラン展の主役になり得ます。色のバラエティーが少ないなかで、濃いブルーの花が人気です。一方では交配親としても活躍し、直接の子供としてはカトリアンセ・ポーシァが有名です。しばしば見かける‘カニザロ’は1936年にイギリスで入賞し、大量増殖されたものです。

これから各地で洋ラン展が開催されます。機会がありましたら、是非足を止めてご鑑賞下さい。ご紹介した花を見つけていただけたら幸いです。

C. perrinii カトレア・ペリニー　実生苗から選抜して15年育てた大株。華やかさのなかに野趣が感じられる。

（左）
Gur. bowringiana fma. *coerulea* ‘Blue Impulse’
グアリアンセ・ボーリンギアナ fma. セルレア‘ブルーインパルス’
濃いブルーの色彩変異個体は人気がある。栽培：小林貴代氏、撮影：武井直義氏

（右）
Ctt. Porcia ‘Cannizaro’
カトリアンセ・ポーシァ‘カニザロ’）古い交配種だが、現在でもラン展などで活躍中。栽培：中島文子氏、撮影：武井直義氏

賑やか談話室　花紹介－10　オリンピックイヤーのおもてなし

2016.9.

先日、東京にあるビル管理会社のトップとお話しする機会がありました。4年後のオリンピックに向かって、植栽の選定等に腐心していると伺う一方、何か利用できる洋ランはないものかというご質問を頂戴しました。

ご紹介したのがミルトニア・モレリアナでした。今大会開催国のブラジル サンパウロ州～バヒア州が原産で、日本では8月上旬が開花の最盛期です。顔を近づけてみれば、スイトピーの様な甘い香りもあります。オリンピック・オーキッドに相応しい品種と考えました。強すぎる日差しは嫌いますが、栽培は容易で、初心者の方でも綺麗に咲かせることができます。我が家では今年も桜の木の下で300輪ほどの花をつけました。大きくなり過ぎたので、株分けしようと考えていましたが、出番があるかもしれません。考え直して、もう一回り大きくすることにしました。

次の候補をご紹介しようとして言葉に詰まってしまいました。日本の真夏は暑過ぎて、元気に咲く品種が少ない上、8月初旬に安定して開花するという条件は大変厳しいものです。

ちょうど同じ頃、私の温室では珍しいランが二種類咲いていましたのでご紹介します。一つはシルトキラム・レオポルディアナムという、コロンビアとペルーに自生する、オンシジウムの仲間です。自生地が高地のため、蒸し暑い日本の夏は苦手で、私は冷房温室で栽培しています。2m以上に伸びる花茎に淡いアメジスト色の花がたくさんついた様はとても涼しげで、思わず見とれてしまいます。もう一つは、マダガスカル西部の地面に生えているオエセオクレイデス・カルカラタです。一見多肉植物のような、厚くて硬い葉に斑が入る仲間で、株の姿が印象的です。花は涼しげな緑色で、1mほどに伸びた花茎が枝を打ち、今年は100輪ほど咲いてくれました。

栽培の難しさなどから、後二者は主役にはなり得ませんが、おもてなしの場で楽しいアクセントになることでしょう。使えそうな花を、少しずつ準備して行こうと思います。

Milt. moreliana 'Poco Poco' HCC/AJOS
ミルトニア・モレリアナ 'ポコポコ'
大きな唇弁が特徴で、スイトピーの様な芳香がある。

(左)
Cyr. leopoldianum
シルトキラム・レオポルディアナム
アメジスト色の花が涼しげで愛らしい。
撮影：武井直義氏

(右)
Oecl. calcarata
オエセオクレイデス・カルカラタ
緑色の爽やかな花を、枝打ちした花茎に多数咲かせる。
撮影：武井直義氏

賑やか談話室　花紹介ー11　クリスマスのラン、カトレア・トリアネ

2009.12.

米国でクリスマス・カトレアと呼ばれる、カトレア・トリアネは、戸外を彩ってきた紅葉がカサカサと散る音を聞くと少しずつ蕾を膨らませ、一番殺風景な12月から1月に開花します。麻薬組織で有名になってしまった、コロンビアのメデジン市周辺に広大な自生地があり、同国の国花になっています。丸くて大きな花は多彩な色彩の変化を持ち、強健な性質とともに、カトレアの女王と呼ばれます。現地の人たちは、好きな花を見つけては自宅の庭先で栽培しているそうです。

カトレアの仲間で同時期に開花するものとしてカトレア・ワルケリアナが挙げられます。こちらはブラジル産で、草丈が10～20cmと小型の種類です。株の割に花が10cm位と大きく、愛らしい姿に根強いファンが少なくありません。良い香りも特筆すべきで、全日本蘭協会の香りの審査でも、冬の間は毎月上位で入賞しています。言葉で表現するのは難しいのですが、瑞々しく拡散性の強い、バラやスイートピーのような香りと言ったらよいでしょうか。ラン展などで見かけたら、是非香りをかいでいただきたいものです。

いずれの品種も最低温度が10℃位あれば栽培できますが、温度が低い時には灌水の間隔を長く取ることと太陽光線を充分に当てることがポイントです。5月中旬から秋分の日頃までは戸外に出していただいた方が、強健な株になると思います。

師走になると外気温が下がってきます。毎年12月上旬には、温室の保温性を良くするために、内側にビニールをもう1枚張り足す、内張りという作業を行ないます。温室の設定温度を1℃下げただけでも、暖房費はかなり節約できます。どのようにしてエコ栽培を実践するか考えながら、昼の温室に行ってみると、中はぽかぽか。お日様のありがたさを実感するひとときです。

C. trianae 'Yoko Saitoh' HCC/AJOS
カトレア・トリアネ 'ヨウコサイトウ'
花弁が薄いピンク色を帯びた、標準的な色彩の大輪花。
撮影：武井直義氏

C. trianae fma.rubura
カトレア・トリアネ fma. ルブラ
非常に濃い紫紅色の花で、野性味と力強さを感じます。

C. walkeriana 'Mei' HCC/AJOS
カトレア・ワルケリアナ 'メイ'
色彩が濃く、花の丸い選別個体。

賑やか談話室　花紹介－12　ブラサボラ・ノドサ

2011.12.

平成23年11月、私ども全日本蘭協会では晴海トリトンスクエアに於いて洋ラン展を開催しました。2万人が働くオフィス街で大型ラン展を開催するという、日本初の試みです。関東近県の洋ラン愛好団体の協力もあって、明るく華やかな展示となりました。そのなかで、私が興味を持った花の一つが、リンコブラソレア（*Rby.*）ワカモドサという、上品な黄色の花でした。この品種は、二代前にブラサボラ（*B.*）・ノドサという原種が使われていて、花の形にその影響が強く残っています。

ブラサボラ・ノドサはヨーロッパで最初に開花した熱帯性のランとして有名です。その株はカリブ海のキュラソー島からオランダ人の政治家キャスパー・ファーゲルの庭園に輸入され、開花しました。正式に何年に開花したという記録は無いのですが、開花株を描いた本が残されていることから、1678年から1688年ごろと推定されています。徳川綱吉が第5代将軍になった頃の話です。棒のような形をした葉が特徴的ですし、花もスペードのような形の白くて大きな唇弁（中央の部分です）が印象的です。「夜の貴婦人」という別名の通り、夜になるとミカンの花のような芳香を放ちます。栽培は容易で、夏は風さえあれば直射光下でも大丈夫ですし、冬は日の当たる窓際でなら栽培できるお宅が多いと思います。

Rby. ワカモドサをはじめとして、たくさんの子供が、日本で作出されています。それらの共通点は、私たちが星形とよぶ、花弁が尖った花の形です。実はあまり上等とはされない形なのですが、不思議と人気があって、老舗と呼ばれれるラン屋さんが交配することが多いのも興味深い点です。子供たちを並べてみると、いろいろな色彩の変化があって楽しいものです。花弁が白く、唇弁が赤い色彩が一番人気のようです。

これから各地で洋ラン展が開催されます。是非お出かけいただいて、お気に入りの花を見つけてください。

Rby. Wakamodosa 'Ohyama'
リンコブラソレア・ワカモドサ'オーヤマ'
ブラサボラ・ノドサの花型が強く出た、上品な黄色の花です。
栽培：篠崎きぬ江氏、撮影：武井直義氏

B. nodosa 'Suwada'
ブラザボラ・ノドサ'スワダ'
リップの大きな選別個体です。
栽培：稲葉 茂子氏

Chz. Miura Otome 'FN-Beat ♯' HCC/AJOS
カフザカラ・ミウラ オトメ'FN- ビート♯'
改良が進んだ大きな花で、白色の個体もあります。
栽培：中島文子氏、撮影：武井直義氏

Bc. Katherine H. Chatham 'Alexandra'
ブラソカトレア・キャサリンH. チャタム'アレキサンドラ'
白弁赤リップといわれる色彩で、人気があります。
栽培：中島文子氏、撮影：武井直義氏

賑やか談話室　花紹介ー13　オンシジウム

2012.12.

2012年の晩秋、北関東では急に気温が下がり、筑波山ではひときわきれいな紅葉を鑑賞できた一方で、紅葉する間もなく葉を落としてしまった木々も目につきました。外の紅葉と美しさを競うかのように、この季節に開花期を迎える花々の中には、オンシジウム（*Onc.*）の仲間が少なくありません。

ホオジロが群れたように花をつけているのは *Onc.* ワイアッティアナムです。この仲間としては一輪一輪が大きく、暗栗褐色の色調の中で唇弁に入った紫色斑が目立ち、じっと見ていると引き込まれるような美しさを感じます。原産地はエクアドルやペルーなどで、標高2000mくらいの雲霧林で見かけます。水を好み、日本の夏は暑がります。その傍らで、3m以上もある花茎を何度も枝分かれさせ、黄色の大きな花を60輪も咲かせているのはシルトキラム（*Cyr.*）・マクランサムです。こちらもアンデスの雲霧林に自生していて、時には標高3000mほどの高地でも見つかるそうです。黄色の色彩が目立ち、花の形が何ともユーモラスなため、温室のお客様はまず必ず目に留めてくださいます。オンシジウムにはその花の形から、「踊る貴婦人」という愛称がありますが、この花の印象は明るい南米の雰囲気で、さしずめチアガールかなと独り合点しています。吊り鉢から太い花茎を伸ばし、期待してねと言っているのはトリコセントラム（*Trt.*）・スプレンディダムです。花の写真はいかにもオンシジウムに見えると思いますが、葉はサボテン並に厚く、花茎が太く、花は大きく、肉厚です。こちらはグアテマラやホンジュラスなどの暖かいところに自生していて、灌水が多いと逆に具合が悪くなります。

ランの趣味家として惹かれる品種は、大輪、面白い形、多様な色彩など、何らかの特徴を持っています。自生地の環境が全く違いますから、栽培条件にも個別の工夫が必要です。むずかる子をなだめるような管理の末に咲いてくれた一輪一輪はとても美しく見えるものです。

Onc. wyattianum 'Akiko' HCC/AJOS
オンシジウム・ワイアッティアナム‘アキコ’
暗栗褐色中の紫色斑が美しい。暑さに弱く、栽培はやや難。

(左)
Cyr. macranthum
シルトキラム・マクランサム
3mもある花茎に目を引く大輪花を多数咲かせて見事。

(右)
Trt. splendidum 'Akiko' AM/AJOS
トリコセントラム・スプレンディダム‘アキコ’
サボテンのような葉の株元から太い花茎を伸ばし、大輪花を咲かせる。撮影：下左右、武井直義氏

賑やか談話室　花紹介－14　エピデンドラム

2014.12.

お歳暮シーズンという季節柄、花屋さんやホームセンターにはたくさんの鉢花が並んでいます。最近良く見かける洋ランの一つがエピデンドラムです。名前はラテン語で木の上に着生するという意味です（「エピ＝上」、「デンドロン＝木」）。このランは中南米に広く分布し、以前は原種だけで約700種と言われていましたが、新種が次々と発見登録され、現在では1000種を超えています。一般的に流通しているのは、リードステムというタイプの交配種です。親となった原種は1～数ｍにも伸びる細長い茎をもち、その頂部に小さな花をたくさん、ボール状につけます。そのままでも化は美しいのですが、株が長過ぎて商品にならないため、品種改良によって茎を短くしました。原種の多くはオレンジ色ですが、現在では赤、黄、ピンク、白などと、色とりどりのボールを楽しむことができます。一般には鉢植えで長く楽しめますが、切り花や生け花での利用も増えているそうです。

まったく形状の異なるエピデンドラムもたくさんありますが、一つ一つの性格が異なり、平地での夏越しが難しいものも多いなどの理由から、少数の愛好家によって栽培されているにすぎません。一般に販売されているものの栽培は、カトレアに準じます。冬の間は最低温度が10～15℃で、日中にレースのカーテン越しの光が当たるような、明るい場所で管理します。花が終ったら、上から1～2枚目の葉の下で切ります。最低温度が15℃以上になったら、戸外に出したほうが健全に育ちます。直射日光は葉焼けをおこすので、明るい木陰を探すか、上に30～50％ほどの遮光材を張ります。肥料は春から秋に与えますが、薄めの方が安全です。

品種改良の進歩が認められ、最近は洋ラン展でも人気者になりました。お花屋さんのものと比べると、株、一輪一輪、そして花房の大きさが格段に大きく、大きな会場でも見栄えのするものが多いでしょう。是非探して、一般種と見比べてみてください。

Epi. radicans 'After Masumi' AM/AJOS
エピデンドラム・ラディカンス‘アフターマスミ’
交配種の親として重要な原種で、上向きのリップがサギソウのように見える。この花は育種によって進化した優秀個体。

Epi. Magic Valley 'Phoenix' HCC/AJOS
エピデンドラム・マジック バレー‘フェニックス’
深紅の色彩が美しい交配種。

(左)
Epi. cinnabarinum 'Winter Flame' HCC/AJOS
エピデンドラム・シンナバリナム‘ウィンター・フレーム’
弁は細いが大輪の原種で、野性味が感じられる。丸くはないが、この種としては秀逸

(右)
Epi. World Valley 'After Miko' HCC/AJOS
エピデンドラム・ワールド バレー‘アフター ミコ’
深みのある黄色が美しい交配種。
撮影：全て武井直義氏

賑やか談話室　花紹介－15　ノビル系デンドロビウムと水切り

2011.9.

一部のランにおいて、花を見るためには欠かせない作業があります。例えば、広く一般に流通しているデンドロビウム（*Den.*）の多くは、*Den.* ノビルという原種から発展した交配種です。このノビル系の原種や交配種は、10月に入ると徐々に潅水を減らし、最低気温が5℃位になったら2週間ほど、軒下などで水を切ってから室内に取り込むようにしないと、花が着きません。「元気に育って株も増えているが花が咲かない」という相談を受けますが、低温と水切りというコツさえ覚えてしまえば、一般家庭でも毎年咲いてくれるはずです。この系統の品種改良は日本が世界をリードしています。

デンドロビウムはアジア、オセアニアに自生するランで、日本に生えている石斛もその一つです。1000種にも上る原種は草姿や花の形、色彩が多様で、趣味家に人気があります。東京ドームで毎年開催される世界らん展日本大賞でも、過去21回の中3回、グランプリに輝いています。

友人宅で咲いていた *Den.* デンシフロルムは、鮮やかな黄色の花が数えきれないほど房状に下がって、それは豪華でした。インド、ネパールから中国南部の高地（1100～1800m）産ですが、日本の暑さでも問題なく栽培できます。フィリピンの高地が原産の *Den.* ビクトリアエレギナエは、花数は多くありませんが、群青色から濃青紫色の花を咲かせます。青いランの花が少ないこともあって、とても人気のある品種です。暑さが苦手で、日本では夏に弱ってしまうことが多いのですが、国内で交配を重ねたものは徐々に強くなっている印象です。*Den.* ロージィはニュー・ギニア、ブーゲンビル島の高地産です。花色の変化が多く、赤や紫一色の他、写真のような染め分けもあります。ファインダーを覗くと、大きな口を持ったぬいぐるみのような、愛嬌のある花の形に気がつきました。

この他の花も、機会を見てご紹介したいと思います。

Den. densiflorum 'FN-Beat ＃ 2'　デンドロビウム・デンシフロルム 'FN- ビート ＃ 2'
黄色い花の中央にあるオレンジ色の唇弁が目立ちます。大株になって一斉に開花した時の豪華さは、筆舌に尽くせないほどです。　栽培・撮影：中島文子氏

Den. victoriae-reginae 'Kai' AM/AJOS
デンドロビウム・ビクトリアエ - レギナエ 'カイ'
フィリピンの高地産。ランには珍しい青い花色で人気があるが、栽培は少し難しい。撮影：武井直義氏

Den. lawesii
デンドロビウム・ロージィ
小さな花だが、花の色が多彩。妖精の顔のような花の形に愛嬌が感じられる。

賑やか談話室　花紹介ー16　栽培しやすいカトレアの仲間

2015.12.

ラン栽培の楽しさを一般の方にお話しすると、「温室が必要だから手が出せない」とおっしゃる方が少なくありません。マンションなどでは加温設備なしでいろいろなランが栽培できるのですが、一戸建てのお住いだと確かにそうはいかないかも知れません。一番のハードルはやはり冬越しということですから、今回はレリア（*L.*）・アンセプスという低温に強くて育てやすい、カトレアの仲間をご紹介します。

この品種はメキシコとホンジュラスが原産で、大きな楢の幹や時には岩の上などに根を張り巡らせて付着しています。一番の特徴は丈夫なことで、風通しさえよければ真夏の直射光線にも耐えますし、冬はマイナス5℃でも障害は起きないと言われています。根は乾燥に強く、コツさえ覚えれば数年ごとに株分けが必要なほどよく増えます。もう一つの特徴は花茎が長いこと。一般には1mくらいに伸びて、その先に直径10cmくらいの花を3から5輪、11月から1月頃に咲かせます。西洋ではクリスマス・レリアとも呼ばれます。花は色彩のバラエティーが多く、色の異なる個体をたくさん蒐集している趣味家もいるほどです。

ちょっと話は逸れますが、カトレアの仲間において、花茎の長さは重要な問題です。一般に流通している大輪のカトレアは花茎の短いものがほとんどで、コサージュなどには良くても切り花としては使いにくいものです。そうした意味で、花茎の長い*L.*アンセプスは、交配親としても注目されています。ただ1mは長すぎますね。短くする方法が二つあります。一つは花茎が伸びる時期、できるだけ潅水を控えること。もう一つは、7月頃に花芽が見え始めたところで摘んでしまうこと。こうすると8月に新しい芽が伸び出して冬に開花するのですが、花茎は40cmほどしか伸びません。

霜の降りない暖地では、庭木に着けても面白いと思います。大きな木を選ぶ必要がありますが、大株になって見事な花を見せてくれるのではないでしょうか。見てみたいものですね。

Lnt. Wrigleyi 'Blue Heaven'
レリアンセ・リグレイ‘ブルー ヘブン’
アンセプスが片親となった交配種で、花茎が長く花が大きい。 撮影：武井直義氏

L. anceps 'Eternal Marichan'
レリア・アンセプス‘エターナル マリチャン’
こちらは花弁に赤紫色の絣模様が入る。
撮影：武井直義氏

(左)
L. anceps fma. *chilapensis* 'Guerrero' レリア・アンセプス fma. チラペンシス‘ゲレーロ’
基部の薄桃色から先端の濃紫紅色へと、花弁のグラデーションが美しい。メキシコ・ゲレーロ州産。

(右)
L. anceps fma. *veitchiana* 'Fort Caroline'
レリア・アンセプス fma. ビーチアナ‘フォート キャロライン’
白い花弁に唇弁が青紫色の色彩変異。

賑やか談話室 花紹介ー17 胡蝶蘭（ファレノプシス）の原種

2016.3.

洋ランというと、白い胡蝶蘭を連想される方がたくさんいらっしゃると思います。清楚かつ豪華、花もちも良いので、お祝いの花としては定番ですね。あの大きな白い花は、ファレノプシス（*Phal.*）・アフロディーテと*Phal.* アマビリスという原種を中心に、何十代もの品種改良によって作り出されたものです。余談ですが、胡蝶蘭という名前は本来、*Phal.* アフロディーテのみを指すのだそうですが、現在はその仲間すべての総称になってしまいました。

胡蝶蘭は一般に暖かく湿潤な環境を好みますので、典型的な日本家屋では管理が難しいようです。反対に、近年の高気密・高断熱住宅やマンションでは、上手に育てていらっしゃる方が少なくありません。カトレアのような強い光は必要とせず、レースのカーテン越しの光で十分だからかもしれません。最低気温はできれば15℃くらい欲しいので、冬の夜間は窓際に置かず、部屋の中央に移動してあげてください。暖かくなれば戸外栽培も可能ですが、強い光を当てると葉焼けを起こすので、80％遮光程度の薄日にしてください。

気温が上がって活動期に入るまでは水やりを控えめにし、施肥や植え替えは行いません。根の先端が緑色になって伸び出したり、新しい葉が伸び始めたりすれば、活動期に入ったサインです。水やりの目安としては、冬は植え込み材料が乾いてから２日後、夏は乾いたらすぐにたっぷり与えます。肥料は市販の液体肥料で良いと思います。植え替えは素焼鉢に水苔で植える方法が一般的ですが、水を与え過ぎなければプラスチック鉢に水苔やバーク（木の皮をチップ状にしたもの）で植えても良く育ちます。

胡蝶蘭の原種は現在までに72種報告され、東南アジアを中心にインド、オーストラリア北部、フィリピン、台湾、中国南部に分布しています。実は白い花は少数派で、蒐集すれば様々な模様の花が楽しめます。今回は原種と交配種の写真を色彩別にいくつか紹介したいと思います。

Phal. lueddemanniana 'Jumbo Ruby' AM/AJOS
ファレノプシス・ルデマニアナ‘ジャンボ ルビー’
フィリピンに自生する、花弁が厚いタイプの原種。模様に個体差が大きい。撮影：武井直義氏

Phal. philippinensis
ファレノプシス・フィリピネンシス
ルソン島の固有種で、花が大きく多輪性の反面、花弁は薄い。葉に模様が入る。

（左）
Phal. Joy Spring Canary
ファレノプシス・ジョイスプリング カナリー
矮性タイプの交配種としては花が大きく、黄色の色彩が美しい。

（右）
Phal. Leopard Prince
ファレノプシス・レパードプリンス
白地に虎斑状の模様が入り、さらに花弁の周囲にも帯状にピンクが乗る、最新品種。

賑やか談話室　著名人－01　生きる伝説

2010.12.

米国を代表するらん展「第65回サンタバーバラ国際らん展」に併催される、アメリカ・シンビジウム協会（CSA）総会での講演依頼があり、カリフォルニア州サンタバーバラを訪ねました。風光明媚な勝景地として知られ、別荘やリゾートホテルが立ち並ぶ一方、近くの海岸からは海底油田の櫓が肉眼で確認できました。石油で得られた莫大な資金が同地でのラン業界の発展に大きな役割を果たしたのでした。

私の演題は「日本におけるパフィオペディルム・ゴデフロイエの系統育種」というものでした。ゴデフロイエは、小さな株に直径6cmほどの丸い花を咲かせる原種で、パンジーのようなイメージでしょうか。交配の繰り返しによって10cmを超えるほど大きな花になり、驚くほど明瞭な色彩になりました。現在、日本の育種が世界の最先端を走っていて、熱い視線が注がれています。今回も英文原稿の依頼を受けましたし、拙稿が中国語やタイ語にまで翻訳されているほどです。

早朝の総会から、1時間ずつ6題の講演、総合討論、ラン展の表彰式、そして宴会と22時まで続きます。昼過ぎに会場に到着した私は、質問などでひときわ目立つ高齢の男性が気になりました。友人に質問すると、アーネスト・ヘザリントン氏という返事でした。米国のラン界では「生きる伝説」とも表現される著名な方で、彼の作出したカトレアが日本でもたくさん栽培されています。実は当日93歳の誕生日で、表彰式後の宴会には大きな誕生ケーキが準備されていました。同氏は9本のロウソクを見事吹き消し、「私は100歳まで生きようと思う。」と始まった挨拶は、最近亡くなった友人の思い出やラン展と協会の歴史へと続きました。そして、「これからもラン展と協会をできる限り応援していく。」と話を終えると、彼が席に戻るまで全員総立ちの拍手が続きました。カリスマ性のある方は何歳になってもすごいものだと痛感しました。

Rlc. Pamela Hetherington 'Coronation'
リンコレリオカトレア・パメラヘザリントン　'コロネーション'
クリスマスの頃開花する巨大輪。登録から40年経つが今だに一級品で、アーネスト氏の代表作の一つ。撮影：西口進一氏

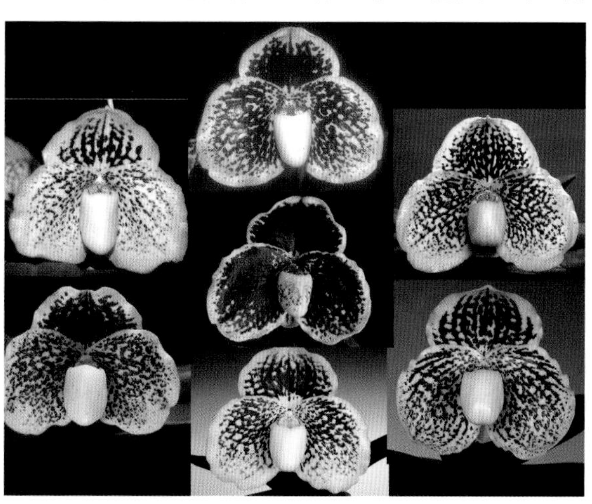

(左)
アーネスト・ヘザリントン氏
さすがに杖をついていらっしゃるが、スピーチは現役顔負けの迫力があった。

(右)
Paph. godefroyae
パフィオペディルム・ゴデフロイエ
講演最初のスライド。7つ全てがゴールド・メダルを受賞した花で、会場からため息や歓声が上がった。

賑やか談話室　著名人ー02　輝く女性たち

新年の行事が一段落すると、外来の患者様から「今年は何を出品するの？」などと質問され、世界らん展のことが気になり始めます。2012年、東京ドームの中央に飾られた大賞受賞花は、デンドロビウム（*Den.*）・ノビル‘ハツエ’でした。その年で22回目を迎えた同展で、大塚初枝さんが女性として初めて日本大賞を受賞されました。

Den. ノビルは栽培が容易で、以前ご紹介したように晩秋の低温と水切りというコツさえ覚えればどなたでも花を見ることができます。大塚さん自身、庶民的な *Den.* ノビルが「大賞に値する花とは思わなかった」と驚かれていましたが、白と紫の可憐な花2000輪が全周にわたって咲き揃った作品は、たいへん見応えがありました。あれだけの大株にする技術はさすがという他はなく、原種ならではの冴えた色彩が、大きな会場で花の美しさを際立たせたように思います。

大塚さんの家業は造園業。取引先で見かけたカトレアが気に入り、58歳の時にラン栽培を始めました。地元の愛好会だけでなく、各地で開催されるラン展や研究会に顔を出すなど、研究心と向上心が大塚さんの栽培技術を支えています。3年前にも優秀賞（第二位）を受賞され、いつ大賞を受賞されてもおかしくない実力をお持ちでした。

もうお一人、時々写真をお借りする中島文子さんのカトレア・アメジストグロッサも奨励賞を受賞し、中央のシンボルゾーンに展示されました。淡いピンク地に紫紅色の点が入るおしゃれな花で、とても人気があるのですが、栽培はやや難しく、中級者向けと言えるかもしれません。受賞株は形が良く花の大きな選抜個体でした。中島さんも沖縄をはじめとする各地のラン展でグランプリを受賞されている実力者です。

女性が趣味を極めようとすれば、ご家族の理解と協力も欠かせないことでしょう。お二人の栽培された花々を見ていると、恵まれた環境が目に浮かぶ一方で、女性なら

Den. nobile 'Hatsue' デンドロビウム・ノビル‘ハツエ’
花弁の紫紅色と中央の暗紫色が目立つ美しい花を2000輪も着けた日本大賞受賞花。

Paph. Memoria Katsumi Tanaka 'Riverside'
パフィオペディルム・メモリア カツミ タナカ‘リバーサイド’
黄緑色地に紫褐色の細点を散らした品の良い花。　栽培、撮影：中島文子氏

大塚初枝さん
撮影：倉持見永子氏

L. superbiens 'Kawano'
レリア・スーパービエンス‘カワノ’
2メートルを超える大型の原種で、大塚さんは2009年にこの株で優秀賞を受賞。

中島文子さん

C. amethystoglossa 'FN-Beat'
カトレア・アメジストグロッサ‘FN-ビート’
趣味家に人気のおしゃれな花で、形が良く花の大きな選抜個体。

ではの一途さと細かい心配りが、男性の気づかない隠し味になっているように感じます。お二人がますます活躍され、ラン栽培の楽しさを広めていただけることを願っています。

世界ラン展が終わって6日後、私は台湾国際蘭展のシンポジウムに出席しました。台湾では洋ランの生産が盛んで、今や主要な輸出産業の一つになっています。政府の後押しもあって、台湾国際蘭展は今や世界一と自負する程盛況ですし、前回の売り上げは184億円と発表されています。昼休みの休憩時間に展示会場に行ってみると、みごとな花をたくさん見ることが出来ましたので、少しご紹介しましょう。

グランドチャンピオンはリンコスティリス・ギガンテアという原種の大株でした。台湾が世界をリードしている品種の一つで、一輪一輪が大きく、キツネの尻尾と形容される花穂の並び具合が絶妙でした。大人の背丈程もある株ですから、おそらく20年くらいは栽培されていると思います。その隣にあった胡蝶蘭はこれまで見たことがない色彩でした。台湾では「オレンジ色」と呼んでいるそうですが、よく見ると表面は赤紫、背面は黄色なのです。後ろから光が当たると2色が混ざってオレンジ色に見えるのでしょうね。花の形が良く、さらに大輪と、言うことなしのすばらしい作品でした。台湾産の胡蝶蘭は現在世界のラン市場を席巻中ですが、この他にも無数の優秀花が出展されていて、レベルの高さと層の厚さを見せつけられた感じがしました。カトレアに目を移すと、日本で見慣れた小型種や紫紅色の大輪花がとても少なく、鮮やかな色彩の中小輪花が目立ちました。黄色やオレンジ色が圧倒的に多いのは、お国柄というべきでしょう。実は胡蝶蘭も派手な模様の花が多かったのですが、自分が撮影した写真を見返すと白花系のものが多く、後日苦笑してしまいました。

台湾でラン栽培が行われるようになったきっかけは、太平洋戦争中に日本から持ち込まれた株が、戦後に拡散したことによるという説があります。真偽はともかく、現在の台湾はラン業者だけでなく若手の研究者も豊富で、まるでお祭りの中にいるような熱気を感じました。

Phal. Nankung's 4.55 PM 'Lee 430'
ファレノプシス・ナンクンズ 4.55 PM 'リー 430'
白い花弁と中央を彩る紫褐色のバランスが良く、大株は豪華。

Rhy. gigantea 'Mei Chuan'
リンコスティリス・ギガンテア 'メイ チュアン'
グランプリを受賞したみごとな大株。

Phal. Sogo Smith 'Golden Brick'
ファレノプシス・ソゴウ スミス 'ゴールデン ブリック'
現地では「オレンジ色」と呼んでいる新色花。

Rth. Young-Min Orange 'Golden Satisfaction'
リンカトレアンセ・ヤンミン オレンジ 'ゴールデン サティスファクション'
目が覚めるようなオレンジ色のカトレア。

洋ランを理解する愉しみ

基本５属の性質と育て方

小島 研二

洋ランを育てる前に

洋ラン栽培をこれから楽しくするために、洋ランとはどのような植物なのか、他の植物とどこが違うのかなど理解を深めていきましょう。本章は私が洋ラン栽培のお手本と尊敬する小島研二氏に執筆をお願いしました。

小島 研二
Kenji Kojima

洋ランアドバイザー。1956年大阪生まれ。高校卒業後40年間洋ランの栽培、育種、販売に携わる。現在、株式会社 小島舎でハウスを建て、洋ランの栽培、販売、育種を行い、洋ラン栽培講座などで多彩な魅力ある洋ランの普及に尽力している。

洋ランの育ち方の特徴

洋ランは主に熱帯、亜熱帯気候の山間部で木や岩に根を張り自生している場合が多く、このあたりの気候の特徴は雨が多い雨季と雨が少ない乾季に一年間で分かれていることです。洋ランの栽培では、特に**この乾季があることを踏まえて栽培することがポイントになります。**株をよく観察すると、葉の元に太いバルブと呼ばれる茎がある種類が多く、乾燥に耐えるような株姿をしています。

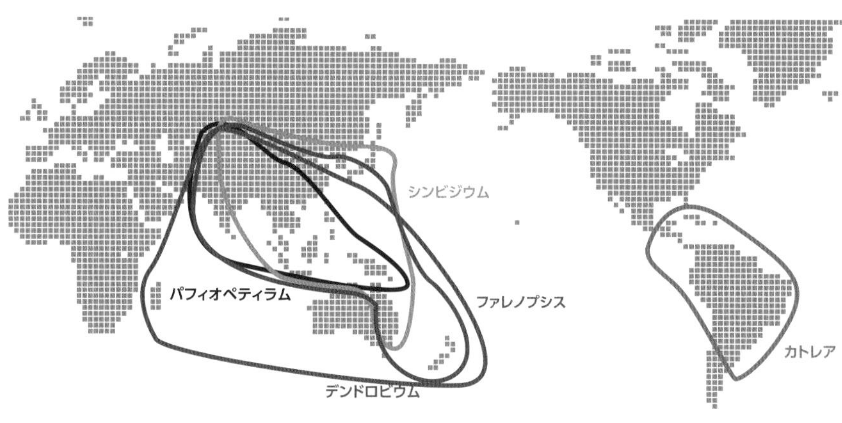

ラン基本5大属の主な自生地

生長期と休眠期

原産地では雨が多い雨季が新芽を伸ばすための生長期にあたり、雨が殆ど降らない乾季が休眠期にあたります。多くは休眠期の後半に開花期を迎えます。日本で栽培する場合は主に春から秋までの比較的気温が高い季節が新芽を伸ばす生長期にあたり、寒い冬が休眠期に当たります。

デンドロビウムは休眠期を必要とするものが多い。

生育パターン

洋ランの新芽は主に春から夏にかけて伸び、秋頃に新芽の元が膨らみバルブ（太い茎）が形成されます。洋ランは基本的には新しく出来たバルブから花が咲きます

昨年咲いたバルブに再び花を咲かせたデンドロビウム。昨年の花茎（矢印）が残っている。

私の温室。それぞれの種が好む環境に配慮するだけでなく、空気を停滞させない工夫も必要です。

が、種類によっては古いバルブから咲くこともあります。新芽の後ろに古いバルブが何本かありますが、古いバルブは新芽を伸ばすエネルギーの元となり、新芽の生長に役立っています。

洋ランの病虫害

洋ランは風が良く通る環境を好みますので、風通しの良さは生育にも病虫害の予防にも大切な要素となります。株同士が混み合うと病虫害が発生しやすくなるので、出来るだけ風通しの良い場所を選び、小さいファンを付け空気の停滞を防ぐなど洋ランが好む環境作りをすることで病虫害の発生を抑えることが出来ます。

洋ランを咲かせるのが難しいと思われている理由

実は洋ランを一言でまとめて捉えてしまうと失敗します。

洋ランは世界中に野生種だけで25000種以上あるといわれています。私たちが良く目にする種類はその中のごく一部にしか過ぎません。また、それらが好む環境管理も様々で、シンビジウムがうまく育っても、同じ栽培でカトレアやコチョウランはうまく育ちません。**洋ランの栽培を始めるに当たり、まずはひとつの種類をマスターして、それを元に比較して、新しい種類にチャレンジされることをお勧めます。**

また、私たちが植物に抱くイメージに

＜植物は水が乾くと枯れてしまう＞

＜植物の根は土の中に張る＞

という思いがあると思いますが、洋ラン栽培ではこの二つを忘れることから始まります。

前に述べたように私たちが目にする洋ランの多くは木や岩に根を張って生きています。けっして土の中に根は張っていません。しかも洋ランの根は露出していますので、常に空気に触れ、乾季にはしばらく乾いた

上へ上へと伸びる、単茎性と呼ばれる系統のランもある。

カトレアの根は木の表面を這い、露出しているものが多い。

ラン栽培に使われる主な植え込み材料　A:水苔 B:クリプトモス（水苔を混ぜて使うことが多い）C:ミックスコンポスト(松の樹皮を砕いたバークと石を混ぜたもので、バークが多いほど保水性がある) D:コルク板(直接付ける)

状態になります。勿論新芽が育つときやつぼみが膨らむためには**多くの水が必要ですが、洋ランの根は乾くと伸びるという不思議な性質があり、これをうまく利用し水を多く与える時期と水を少なくして乾き気味にするときのメリハリをつけることが水やりのポイントになります。**

洋ランがうまく育たない最も多い原因は水のやりすぎによる根腐れです。このような根の性質を考慮して、洋ランは土を使わずに水苔や、木の皮をチップ状にしたバークと軽石などを混ぜたものなどで植えて栽培しています。

このように洋ランは土に植えて育てる植物と性質が違うことや、種類により、好む環境や栽培管理が違うことなど、それぞれを理解したうえで取り組むことで、洋ラン栽培がより楽しくなり、咲かせた時の喜びも格別なものとなるでしょう。

温室栽培と室内栽培

洋ランを栽培するときに温室を建ててからと意気込む必要はありません。洋ランは種類が多く、私たちの生活している環境で栽培できる洋ランはたくさんあります。では、温室での栽培のメリットは何でしょうか。

1. 日光が上から当たるので植物の生育が良い
2. 温室内は水やりが楽に行えて湿度が高く保てる
3. 暖房機や換気装置を設置すれば温度が自由に設定できるので、高温を好むカトレア、コチョウラン、バンダなどが楽に栽培しやすくなる。

温室栽培にはこのようなメリットがある反面勿論リスクもあります。

1. 暖房機の故障による低温障害
2. 換気装置の故障による高温障害

温室は戸外の日当たりの良い場所に設置しますので、真冬に暖房機が一晩動かないと外気と同じ温度になり株が凍ってしまう場合や、春や秋に換気装置が動かないと数時間で温室内が40℃以上になり葉焼けを起こしたりします。何れも株が黒くなって大きなダメージを受けます。
温室栽培は室内栽培に比べて植物に合った環境作りができて栽培しやすいですが、器具の故障に備えた準備など温室を道具と捉えた環境作りと備えが大切です。

世界らん展会場で。

基本５属の性質と育て方

カトレア

カトレアの魅力

花の女王と呼ばれているカトレアの魅力は、やはり気品あふれる華やかさにあると思います。大きさもさることながら、色彩が豊富で、ピンクや白だけではなく、黄、赤、オレンジなど毎年新しい品種が作出されています。

株サイズも大きいものからミニまであり、置き場所にあわせた株選びも出来ます。またカトレアには柑橘系やスウィーツ系などの良い香りを放つ品種が多くありカトレアの大きな魅力となっています。

カトレアには他の洋ランにはないもうひとつの魅力があります。それは品種によって春咲き、夏咲き、秋咲き、冬咲きがあり、品種の集め方次第では一年中花を楽しむことが出来ることです。

カトレアの育ち方の特性

カトレアは中南米の熱帯、亜熱帯気候の山間部で木や岩に根を張り自生しています。このあたりの気候の特性は雨が多い雨季と雨が少ない乾季に一年間で分かれていることです。カトレアの栽培では、特に乾季がはっきりしていることにポイントがあります。株をよく観察すると、分厚く硬い葉と太いバルブと呼ばれる茎があり、乾燥に耐えるような株姿をしています。また、カトレアは品種によって開花する時期が違います。冬咲きと夏咲きでは生長するパターンが違いますので、いつ咲きかによって栽培管理が違ってきます。

生育パターン

カトレアの多くは秋から早春咲きですが、その新芽は春から夏にかけて伸び、秋に新芽の下部にあたるバルブ（太い茎）が形成されます。品種的には少ないですが、晩春から夏咲きは秋から冬にかけて新芽を伸ばします。新芽が生長してくると葉が展開した中からシースと呼ばれるつぼみを保護する鞘のようなものが伸びてきます。つぼみはこのシースの中から伸びてきて開花し

古いバルブは新芽を伸ばすエネルギーの元になる。

気品あふれる華やかさを持つカトレアの整形交配種（世界らん展会場で）。

カトレアは洋ラン栽培の基本品種と言われることが多い。

ます。シースが見えると開花の期待が膨らみます。(時にはシースがなく、新芽の中からつぼみが伸びてくることもあります)

カトレアは新しく伸びた新芽にしか咲きません。古いバルブが何本か新芽の後ろにありますが、ここからは咲きません。ただし、古いバルブは新芽を伸ばすエネルギーの元となり役立っています。

置き場所
日の当て方

カトレアは洋ランの中では日を好むタイプで、日が弱かったり、日照時間が短すぎたりすると株は育っても花が咲かない場合があります。カトレアの日の当て方は冬には室内のガラス越しの光が良く当たるところに置き、春にはレースのカーテンをかけ日を和らげます。5月下旬頃外気温の最低が15℃まで上昇してきたら株を戸外に出して遮光ネット（35～50%遮光）越しの光が当たるところに置きます。その後は秋までそのまま遮光ネット越しの光を当てます。カトレアは気温が高いときに直射日光が当たると1時間程で葉やけを起こして大きなダメージを受けてしまいます。

カトレアのシース

秋に室内に取り込んでからは再びレースのカーテン越しの光に当てますが、室内の温度があまり高くならないように、取り込んでから暫くは換気をはかり、室内の温度が25℃を超えないように気をつけます。

日照時間は冬で4～5時間、春から秋には6～7時間以上当てることが出来ると株の生長も良く、花も良く咲いてくれます。

カトレアに日を当てるときの株の向きは、新芽が出ているバルブの葉が良く日を受けられるように置きます。その後新芽の葉が展開してきたらその葉に良く日が当たるように調整すると花着きも良くなります。

温度

カトレアは冬の温度が高くないと咲かすことが難しいと思っている方は多いと思います。確かに冬に戸外に出して置くと殆どのカトレアは黒くなり溶けてしまいます。しかし、温度的にはさほど高い温度は必要としません。私たちが日常寒さを感じない程度の温度があれば室内で充分咲かせることが出来ます。冬の最低温度は10～15℃位、日中は20～25℃位が目安になります。最近の住宅事情から見ますとマンションなどはカトレアには適した環境と言えるでしょう。

春から秋までは自然の温度のままでよく、真夏の暑さも問題はなく、戸外に出し遮光ネットを掛けたり、風通しを良くしたりすればよく育ちます。また、カトレアの種類によっては最低温度が5℃でも咲かせられる品種もありますので、冬に置くことの出来る場所の最低温度を調べておくと無理なく育てられる品種が選べます。

秋になり、気温が下がってくる頃に室内に取り込みます。目安は外気温の最低が15℃を下回るようになってからです。

遮光されたやわらかな光を受けているカトレア。

吊るして芽出し。

風通し

カトレアは木の幹に根を張り着生していますが、地上と木の上とではどのように環境が違うでしょうか。最初に思い当たることは日当たりの良さでしょう。もうひとつ大切な地上との違いは風通しの良さです。室内に置く場合でも短時間新鮮な外気を取り込み、戸外では出来るだけ風通しの良い場所に置くか、吊すなどして通風をはかると機嫌よく育ってくれます。

＊　＊　＊　＊

水やり

カトレアの水やりの基本は、植え込み材料が充分乾いてからタップリと与えることです。目安として冬～春は7～10日に一度、夏～秋は3～4日に一度タップリと与えます。感覚的に少ないと思われるでしょうが、カトレアの根は常に濡れていると腐りやすい性質があるので、根に通気を計るために根が乾いてから水を与えます。1回に与える量は鉢底から流れるくらいに充分与えます。

水やりの考え方としては、二つあります。一つは「乾くから水を与える」です。これは温度や日当たりなどの条件によって左右されます。気温が高く日差しが強い夏は乾き方が激しいので、水は多めに与え、気温が低く日差しが弱い冬は乾きにくいので水やりの間隔を空けなくてはいけません。もうひとつは「株が水を必要としているから与える」です。これは植物の株の状態によって必要としている水分量が違うということです。新芽は株元から伸びてきますが、この新芽が勢いよく伸びる時期には新芽を生長させるために多目の水を必要とします。また、つぼみが大きくなり、開花するときも良い花を咲かせるために、多目の水を必要としますので、他の株に比べて水やりを多くします。

戸外で栽培する期間では梅雨明けから秋にかけて最低気温が20℃を下回る頃までは雨に当て、それ以外は雨よけします。雨に当てることは植物が生長するにはとても有効ですが、梅雨の長い雨や気温の低いときの雨は根を腐らせることがあります。

水やりと同じく大事な乾かし方

カトレアの水やりでは、「いつどれくらい乾かすか」という感覚が大切です。乾かすタイミングは、新芽が出る前と花が終わってからです。期間はおよそ2週間で、

戸外の栽培棚。

乾かすことで株を休ませて生育リズムを作ります。また、新芽や新根の先が伸びかけて黒くなり止まってしまった場合や、植え替えの直後に根を早く張らせるためにも乾かすことが有効です。

肥料

カトレアの肥料は新芽が伸び始めてから、新芽の下部のバルブが膨らみ終わるまでの生長期に与えます。多くのカトレアは春に新芽が動き出し、秋にバルブが完成しますので、肥料は生長する春～秋の生長期のみに与えます。冬を中心とする休眠期には基本的に与えません。ただし、春～夏咲きの品種は秋から冬にかけて新芽を伸ばすので、品種によっては新芽の生長にあわせて冬に肥料を与えることもあります。

肥料の与え方には二通りあります。一つは固形の肥料を鉢の上に置き、水やりの時に少しずつ溶けて効く置き肥と、もう一つは粉や濃縮液を水で薄めて（100～2000倍等）水やりの時に与える液肥です。生長期には置き肥と液肥を併用して与えます。置き肥は効用期間（約1～2ヶ月）に新しい肥料と交換します。液肥は希釈倍率を守り、7～10日に一度、水やり同様にタップリ与えます。

病害虫

カトレアに付く主な害虫は、カイガラムシ、スリップス、ナメクジです。カイガラムシは白く粉を吹いたようなタイプと茶色でお椀型をしたタイプがあり、葉の裏や、バルブの薄い皮の内側にある窪みなど、狭く目に付きにくい場所に着き、養分を吸い取って株を弱らせます。放置すると株が枯れる事もあるので見つけ次第カイガラムシ用の薬剤を希釈倍率を守って直接散布します。

スリップスは1ミリ程の黒や黄色の小さい虫で、大切な花やつぼみに付き、食害して花を汚します。スリップスは繁殖

バルブの薄皮はカイガラムシの温床になりやすいので、こまめに外しておいた方がよい。

が早いので、見つけ次第スリップス用の薬剤を4～5日空けて2度散布します。

ナメクジは夜に活動して、大切な花やつぼみ、新しい根の先を食害する、私たちにとって最も嫌な害虫です。ナメクジ剤は誘引して退治するタイプが多く、株の側に少しずつ散らして置きます。時々は夜に暗くなってから見つけて退治します。

またカトレアの病気で最も気をつけなければいけないのがウイルス病です。この病気は、感染すると治すことが出来ませんので、感染予防が重要です。鋏やピンセットなど直接植物に触れる器具は使用するたびに消毒します。消毒の方法はバーナーなど熱で数秒滅菌するか、リン酸三ナトリウムの飽和液に数分漬けて不活性化します。ウイルス病の症状は花や葉が奇形になったり、花の脈に沿って黒く窪んできたりしますが、判定は難しいので怪しいと思ったら他の株と離して栽培することで感染を防ぎます。カトレアは他の病気は余り心配いりませんが、予防のために戸外に出した春と室内に取り込む前の秋に1度ずつ総合殺菌剤を散布しておきます。

植え替え

カトレアは水苔で通気性の良い素焼き鉢に植えて育てることが一般的ですが、木の皮をチップ状にしたバークと呼ばれる植え込み材料でプラスチック鉢に植えても育ちます。カトレアは鉢の中心から外に向かってバルブを増やし生長していきますので、年数が経つと新芽や白く太い根が鉢の外にはみ出してきます。初めてカトレアを見る方は感覚的にやや小さ目の鉢に植えられていると思われますが、鉢は小さい方が根が良く張り、バルブも育ち花が良く咲きます。

カトレアの植え替えは植え込み材料の劣化を考慮して水苔植えの場合2年に一度、バーク植えの場合は3年に一度を目安に行います。新しい鉢に植える際には、2年後に鉢の縁から新芽がはみ出すくらいの大きさの鉢を選びます。早く大きくなるようにと大きい鉢に植えると乾きにくくなり根張りが遅く、かえって生育が悪くなります。植え替えを行う時期は、花後に新芽が動き出してから行いますが、消耗する夏と温度の低い冬は除きます。

植え替え後の管理で最も大切なことは、早く根を張らす事ですので、植え替え後2週間は水を与えずに根を乾かします。植え替え作業により傷めた根を癒し、新しい根を張らせるためには乾かすことが有効です。

株の増やし方

カトレアは3つの方法でふやすことが出来ます。その内の2つは種子を蒔く事（実生）と新芽の生長点を培養して苗を作る方

カトレアの植え替え

植え替えする場合は花後に根が伸び始めた時か、新芽が動き出した状態で、真夏と冬を避けて行う。
カトレアは水苔で素焼き鉢に植えるのが一般的だが、木の皮をチップにしたバークでプラスチック鉢に植えることもできる。どちらの場合も、鉢底に発砲スチロール（ポリエチレンフォーム）の塊などを入れて水はけと乾きを良くする。

① 新芽を傷つけないように注意する。

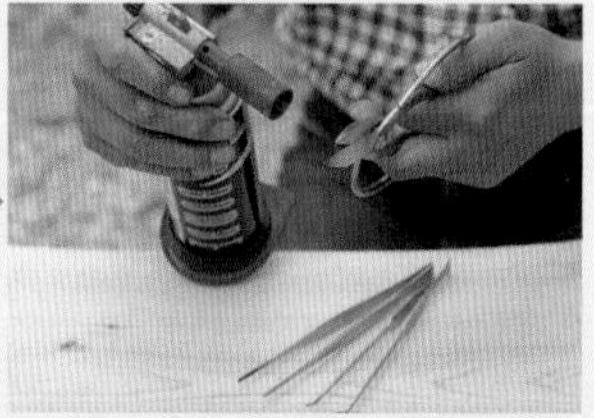
②ハサミ、ピンセットなどをバーナーで滅菌。

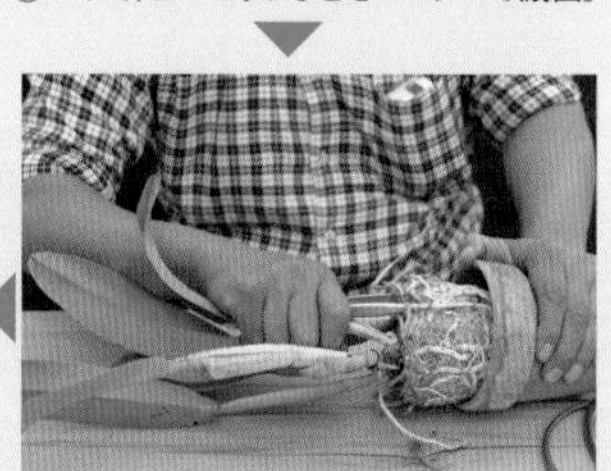
③ ピンセットを差し込み鉢から根をはがす。

④ 古い根をハサミやピンセットで取り除く。

⑤ 発砲スチロールの塊などで水はけを良くする。

⑥湿らせた水苔を下から根の間に入れる。

⑦ さらに根の周囲にも水苔をつける。

⑧ 水苔を押し込むように鉢に入れる。

⑨ ヘラまたはピンセットで縁を固める。

⑩ 株元にも水苔を入れる。

カトレアの株の増やし方

① 新芽が少し出てきた頃が株分け適期。

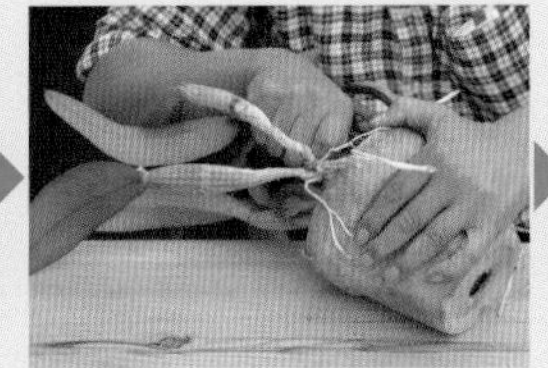

② 消毒したピンセットなどを使い鉢から出す。

③ 古い根を切る。根下半分を切ることもある。

④ 3〜5バルブを1株として分ける。

⑤ 葉をまとめておくと作業しやすい。

⑥ 分けた株を鉢に植える。「植え替え」を参照。

法（メリクロン）ですが、どちらも専門の設備が必要なので一般的ではありません。家庭では株分けで増やします。カトレアは毎年新芽が生長してバルブが増えていきます。このバルブの元には伏せ芽と言われる新芽の元が２つあり、通常１つが生長してもう片方の芽は残っていて、株分けされた際に動き出します。この性質を利用して３〜５バルブを１つの単位として株分けして増やします。株分けは必ずしなくてはいけない訳ではなく、増やしたい時に行うもので、大株にして沢山咲かせたい場合は株分けをしないで大きくしていきます。

大株作りにチャレンジ

カトレア栽培に慣れて花が咲くようになると、より沢山の花を咲かせてみたくなると思います。通常は４〜５号鉢で栽培しますが、いつかは10号鉢位で豪華なカトレアの花を10輪以上咲かせてみたいものです。ただし、大株作りの栽培は難しいので、カトレアの性質を十分理解した上でチャレンジしましょう。

大株作りのポイントは、まず鉢が大きく乾きにくいので、水やりを通常よりも控えなくてはいけません。水やりの回数は通常サイズの半分くらいに減らし、根が過湿にならないように気をつけます。大株になってくると葉が込み合い日当たり、風通しが悪くなって来るので、新しい葉に日が良く当たるように、葉を組み替えたり、鉢を少しずつ回して、株全体に均等に日が当たるように工夫します。大株作りの醍醐味は多くの花が同時に咲くことにありますが、そのためには新芽をそろえて伸ばす必要があります。ポイントは新芽が動き始める前に大株の場合は１ヶ月ほど鉢を乾かすことで新芽が揃いやすくなります。

大株作りは年数がかかり難しいかもしれませんが、いつかチャレンジしていただきたいと思います。

ミディー、ミニカトレアの栽培

ミディー、ミニカトレアとは株が大輪系と比べて小さい種類を指します。本質的な性質は変わりませんが、大輪系と比べて栽培上少し気を付けたい事があります。

ミニ系の水やりは単純に鉢が小さいために早く乾くので水を与える回数は大輪系に比べて多くなります。

また、ミニ系は不定期に咲く種類が多く、シースなしで新芽の中から直接つぼみが出てくることが多いので、水やりの時に新芽の中に水をためてつぼみを腐らせないように注意します。肥料や病虫害、植え替えに関しては大輪系と同じように取り組みます。置き場所の日の当て方や温度も基本的に変わりませんが、ミニ系は大輪系に比べて、やや低温に強い種類が多いので、栽培しやすいかもしれません。

初夏を彩るカトレア・ガスケリアナ

「基本５属の性質と育て方」より

ランにはそれぞれの育ち方の特徴や性質があります。よく観察しながら世話し、きれいな花を咲かせてみましょう。

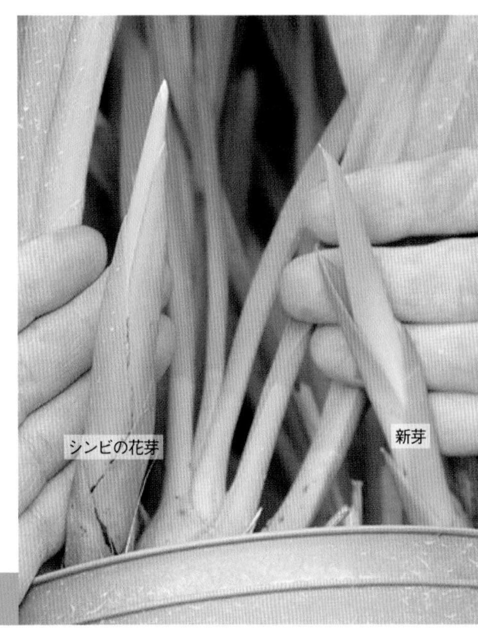

シンビの芽かき。
大きい新芽を残し、小さい新芽をかく。

整形花タイプ

筋花タイプ

斑入りの葉

多花性タイプ

花の各部の呼び方
DS：ドーサルセパル
ST：スタミノード
VS：ベントラルセパル
P：ペタル
L：リップ

葉の間から花芽が出る。

パフィオペディルム

デンドロビウム

ノビルタイプ

キンギアナムタイプ

バルブの元から出る新根。

新芽。株元からタケノコのように伸びる。

花芽。茎の節から花芽が出る。

カトレア

シース（花芽）

ファレノプシス（こちょうらん）

種類が豊富なミニタイプのこちょうらん。

新芽。株の中央から伸びる新芽にあたる新しい葉。左右交互に伸びてくる。

鉢植えが必要な株。ファレノプシスは高温を好み、成長の方向は上方。

基本５属の性質と育て方
シンビジウム

シンビジウム（上下とも　小島研二氏の温室で）

シンビジウム（以下シンビ）の魅力

シンビは洋ランの中ではもっとも長く、広く栽培されている洋ランです。また、シンビはその豪華さと花持ちの良さなどから鉢花ギフトのブームに乗り、生産量が伸び、多くの家庭に普及してきました。しかしながら、シンビを咲かせることは意外と難しく、丈夫であるが故に株は大きくなっても、花が咲かない株があちこちに多く見受けられます。シンビは寒さに強く丈夫な洋ランですから、ポイントを抑えれば、多くの花を咲かせることが出来ます。そのポイントを探ってみましょう。

シンビの育ち方の特性

シンビは熱帯アジアを中心として日本からオーストラリアの広い範囲に分布している、性質が極めて丈夫な洋ランです。その丈夫さゆえに、新芽がいくつも伸びて新芽同士が養分を奪い合い、それぞれの新芽が大きくなれず、花芽が形成されにくくなり、株は大きくなるが花が咲かなくなってしまうことがよくあります。これを防ぐには春に新芽の整理（芽かき）をする必要があります。株の元をよく見ていると一つのバルブ（秋に新芽の元が膨らんだ部分）から新芽が複数でていることがあります。これらの芽は一つのバルブから１本の新芽を残して他の芽はかき取ります。目安として、

シンビの芽かき。大きい新芽を残し、小さい新芽をかく。

６号鉢位で新芽を２本だけ残して育てるとバルブが大きく育ち、咲きやすくなります。

シンビの生育パターン

シンビは春から伸び始めた新芽が夏にかけて生長し、秋にバルブの脇から花芽が現れ、冬から春にかけてこの花芽が伸びて春暖かくなる頃に開花します。開花後はそのバルブの脇から新芽が伸び始め（すでに伸びている場合もあります）生長を始めます。年末に花屋で見かけるシンビは生産者が開花促進をして早く咲かせているので、家庭栽培での開花と時期が異なります。家庭栽培では春が主な開花期になります。

置き場所
日の当て方

シンビは最も太陽の光を必要とする洋ランです。日の長さ、強さの両方を必要とします。日が弱く、短時間しか日当たりがない場合は、株は大きくなり、葉も増えますが花は咲きません。シンビは一年を通して良く日が当たるところに置くことが重要です。春に戸外に出してから秋に室内に取り込むまで直射日光に５～７時間は当てます。株が弱っていたり、小さい苗は真夏だけ遮光して暑さを凌ぎます。秋から春の室内栽培ではガラス越しの日がよく当たる所に置きます。

温度

シンビは冬の寒さや夏の暑さには強い洋ランですが、冬に霜に当てたり、零下になるところには置かないようにします。それ以外は殆ど温度を気にすることはありません。春になり桜が散った頃、日当たりの良い戸外に出し、秋に霜が降りる前に室内の日当たりの良い場所に取り込みます。

風通し

シンビは葉が密集している株ですので、風通しは欠かせません。特に真夏は直射日光に当てますので、風が通らないと葉焼けを起こすことがあります。

水やり

シンビは水が大好きな洋ランです。水が不足がちになると株元のバルブが柔らかくなるので時々触ってチェックします。バルブが硬ければ水やりが適正です。水のやり方は一回に与える量を植わっている鉢の容量くらいたっぷり与えます。冬は５～７日に一度、春と秋は２～３日に一回、夏は毎日を目処に与えます。ただし冬でも室温が高い場合や、花芽やつぼみがある場合は２～３日に一度くらい多めに水やりします。いずれにしてもバルブのチェックをして、水やりの調整をします。春から秋の戸外栽培では、雨には積極的に当てるようにします。植物にとっては私たちが与える水道水や井戸水よりも雨の方が、生長にとってとてもありがたい水のようです。

肥料

シンビは肥料が大好きです。与える時期は新芽が生長する春から秋までで、冬は一切与えません。置肥は４～９月までその肥料の規定量を月に一回与えます。液肥も規定倍率を４～９月まで７～10日に一度水やり代わりに与えます。シンビの根は肥料にも強いので、多めに与えても大丈夫です。少なすぎるとバルブが大きくなれず、咲かないこともあります。

病害虫

シンビは病害虫にも強く、あまり目立った病害虫はありませんが、意外と見逃すのが葉の裏に付くハダニです。葉が裏側に巻き込んできたら葉裏をチェックします。表と比べて白っぽく粉を吹いているようでしたらハダニですので殺ダニ剤を葉裏に散布します。予防のために春戸外に出した時に散布しておくと安心です。洋ランの中で厄介な病気は、感染すると治らないウイルス病ですが、シンビはこのウイルス病にも強く、症状が出てもあまり弱りません。そのため感染に気づかず他の洋ランにうつしてしまう事があるのでシンビに使った鋏などの道具は必ず消毒をしておきます。葉に黒い斑点が出たら、総合殺菌剤を散布しますが、春と秋に予防散布しておくと安心です。

植え替え

シンビの植え替えはけっこう力が要ります。鉢にしっかり根が張っていると簡単には抜けません。抜けない場合は鉢を割ります。シンビの根は太くて丈夫なので思い切って作業します。植え替えの適期は春ですが、根が傷んでいる場合は秋の彼岸過ぎ頃植え替えてもかまいません。シンビの殆どが軽石、バーク、または両方のミックスされたもので植えられています。鉢は乾きにくいプラスチック鉢が主に使われています。植えるときの注意点は新芽が伸びて生長する空間を鉢のへりから空けて植える事です。

株の増やし方

シンビを増やすには株分けが一般的です。分けるときはバルブの繋がりを見極めながら、3バルブ以上を1株として分けます。分けるときはあまり細かく分けると2〜3年咲かなくなる場合があるので、全体を1/2や1/3に分けたほうが失敗は少なくなります。

大株作りにチャレンジ

シンビの大株は成功するとそれは見事です。ただし、株は予想以上に大きく、重くなるのでシンビの大株作りにチャレンジする時は覚悟して取り組みましょう。

花を咲かせるための大切なポイント

1 よく日に当てる

日当たりは花芽の形成に最も影響する条件です。出来るだけよく日が当たる所を見つける事が大事です。

2 水と肥料はたっぷりと

芽が勢いよく伸びている間は水、肥料を欲しています。
芽がよく育ちバルブが大きくなると花芽が出来ます。

3 春に芽欠きをして新芽を減らす

生長のスタート時に大切な作業です。花が咲かない原因の殆んどが、この芽欠きをしないことにあります。

シンビジウムの植え替え

よく育ったシンビジウムの株は鉢から出す時に力が必要。金槌で鉢を叩いて根を出す。
植え替える場合、新芽が伸びて生長する部分を空けて植える。

① 植え替えの適期は春。

② 金槌で鉢を叩いてから抜く。

③ 根が良く張っている（根鉢）。

④ 根鉢よりひと回り大きい鉢に入れる。

⑤ 植込み材（軽石、バーク、または混合）を入れる。

⑥ 鉢の内側をヘラで固める。

シンビジウムの株の増やし方

① 鉢底の根を広げほぐし始める。

② 鉢から出し根をほぐす。

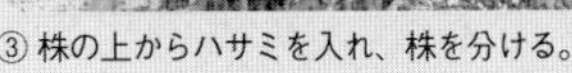

③ 株の上からハサミを入れ、株を分ける。

④ 3バルブ以上を1株とする。

⑤ 鉢に植える。「植え替え」を参照。

基本５属の性質と育て方

パフィオペディルム

パフィオペディルム(以下パフィオ)の魅力

華やかな印象を多く持たれる洋ランの中で、パフィオは独特で不思議な魅力を醸し出しています。

まず目に付くのが、花の中央にある袋です。よく食虫植物と間違われることがありますが、この袋は虫を捕食するためではなく、虫に受粉してもらうための仕掛けなのです。

整形花タイプ

また、パフィオの色彩は褐色系が多く、斑点や脈などがあるものが中心で、艶まであるので地味で花らしくない印象を持たれがちですが、一度この魅力に心を奪われると、はまってしまう愛好家の方も多くいます。パフィオには華やかさは余りなく取っ付き難い花ですが、存在感が強く、じっくり鑑賞するに値する、深い味わいのある魅力的な花だと思います。

パフィオには基本的に香りはありませんが、花が１～２ヶ月持ってくれることは嬉しい性質です。

パフィオには大きく分けて４つの系統があり、株や花の大きさもいろいろですのでパフィオの中でも好みが分かれるでしょう。

１ 整形花タイプ

パフィオは１花茎に１輪だけ咲くタイプが主流ですがその中でも、より大きく、より丸くを目標におよそ150年前から改良を続けているパフィオの中心となるのが整形花タイプです。色彩は黄色､小豆色(赤花)､褐色系の斑点（点花）が多く好まれてきましたが、近年白色、ピンク系の進歩が目覚しく、新たな魅力が広がっています。整形花タイプの花時期は冬～春が中心です。

２ 多花性タイプ

パフィオの中には１花茎に３～５輪も咲かせるタイプがあります。このタイプの花は整形花タイプとは違い、花弁が細く長いので、鳥が飛んでいるような優雅さがあり

多花性タイプ

ます。株は大き目のものが多く花茎が長いので、大株に育てて咲かせると迫力があります。

3 ミニタイプ

パフィオには花が5センチ位で、葉が10センチ位の可愛いミニタイプもあります。やや高温性の種類が多いので栽培には気をつけましょう。

ミニタイプ

4 筋花タイプ

筋花とは花の上部（ドーサルと呼ばれている）に縦筋が入ることから筋花と呼ばれています。また、このタイプの葉は、斑が入っているものが多く、葉も楽しめ、爽やかさを感じさせてくれるパフィオです。

筋花タイプ（上）と斑入りの葉（下）

花の各部の呼び方

DS：ドーサルセパル
ST：スタミノード
P：ペタル　L：リップ
VS：ベントラルセパル

地生らん、パフィオの育ち方の特性

パフィオの原産地は東南アジアや中国南部の熱帯雨林の地面近くなので、薄日を好み、空中湿度や根の湿りも好みます。カトレアやデンドロなどのように木や岩に根を張る着生ランに対して、パフィオなど地面に根を張るランは地生ランと呼ばれています。

パフィオの生育パターン

パフィオは洋ランの多くが持つ性質であるバルブ（株元の太い茎）がありません。このことからパフィオは極端に鉢を乾かしては良くない事がわかります。新芽は薄い葉を左右交互に4～8枚ほど伸ばし、生長の終わりに新芽の中央から花芽を覗かせます。パフィオは、他の洋ランの様に春から秋までが生長期でその後休眠期に入り開花するというパターンで必ずしも生長しません。主な開花期は整形花タイプが冬から春、多花性タイプが春、ミニタイプと筋花タイプは春から夏が中心と概ね決まっていますが、パフィオの生育パターンは株の状態により開花しながら新芽が伸びたり、新

葉の間から花芽が出る。

芽の伸び始めから完成まで1年以上かかったり、品種によってもやや不規則な生育が見られます。株の新芽の動きををよく観察をして生育状況に合わした栽培管理が必要になります。

置き場所
日の当て方

パフィオは洋ランの中では薄日を好みますので、秋～春は室内でレースのカーテンなどで約50％遮光した光に当て、夏は戸外に出し50％遮光ネットを2枚重ねるなどして70～80％遮光した薄日に当てて栽培します。パフィオは薄日を好むからといっても、日照時間が短すぎては花が咲きづらくなりますので、4～5時間以上日が当たる所に置くようにします。ただし、夏の西日は株には良くないのでしっかり遮り、消耗を抑えます。

温度

パフィオは品種によって耐寒性に差がありますが、冬の明け方の最低温度が10～15℃位あれば大体の品種を育てることがで

きます。10℃以下になる場所で栽培するときは、水のやり方に注意が必要です。低温時の水やりは通常の半分くらいの回数に控え乾かし気味にすることで、低温から株と根を守ります。5℃以下になると栽培困難な株が多くなり、枯れる株も出てきます。

パフィオは夏の猛暑は苦手ですので、日差しはしっかり遮り株の温度が上昇しすぎないようにします。

パフィオは夏を涼しく、冬は少し暖かくと、少し贅沢な環境を好みそうですが、夏の遮光ネットや冬の少しの加温などの気遣いがあれば花を咲かせることができます。

風通し

パフィオは洋ランの中では、病気が発症しやすい種類と言えるので、出来るだけ風通しが良いところに置き病原菌の発生、繁殖を抑えるようにします。

水やり

パフィオは洋ランの中では水を好む種類といえます。基本的には植え込み材料の表面が乾いたらたっぷり与えます。ただし、水を好むといっても、植え込み材料が痛んでいたり、水はけが悪い場合は水のやりすぎにより根腐れを起こしやすくなるので、その場合は水を控えて、一度鉢の中を乾かして根腐れを予防します。根腐れのチェックは株を軽く持ち株元がグラついていると要注意です。その場合は季節によってはすぐに植え替えをします。

パフィオの水やりでは、特に気をつけなくてはいけないことがあります。それはハス口を使って株の上から水をかけないことです。パフィオは葉が上に向かって広がっているので、上から水をかけると葉の間に水がたまり株の中心から腐ることがあります。特に夏の日中や冬の夜に葉の間に水を溜めないような時間帯に水やりをするように気をつけてください。

肥料

パフィオの根は他の洋ランに比べると肥料に対して少し弱いところがあります。例えば、液肥の倍率が濃すぎたり、置肥の量が多かったりすると根が肥料負けする事があります。液肥の場合は、その肥料の規定倍率を２倍以上に薄めたものを与え、置肥は効能の強いものは与えず、一般的な置肥を規定量の半分以下にします。

パフィオの肥料を与える時期は、新芽の生長に合わせ、春から梅雨明けまでと秋の9、10月に与えます。冬と真夏はパフィオにとって好ましい季節ではないので、基本的には生長が鈍くなりますので、肥料は控えます。

病害虫

パフィオに付く害虫は、葉裏に葉ダニやコナカイガラムシなどが時々発生します。どちらも専用の殺虫剤を春と秋に散布しておきます。

パフィオで最も困る病気は軟腐病で、葉の付け根から黒くなり、放っておくと株元から腐りこみ、株が枯れてしまいます。これを防ぐには、株元に余分な水分がいつまでも残らないように風通しを良くします。もし株もとの腐りを見つけたら素早く腐った部分を取り除き２～３日乾かしてからマイシン系の薬を散布します。

植え替え

パフィオの植え込み材料は水苔単用や木の皮をチップ状にしたバークと軽石などを混ぜたミックスコンポストで植えることが一般的です。鉢はプラスチック鉢が主流で、素焼き鉢はあまり使われていません。植え替えは、植え込み材料の劣化から、水苔植えは２年に１回、ミックスコンポストの場合は３年に１回を目安に春か秋の気候が安定したころに行います。

パフィオの植え替えで注意する点はパフィオの根は折れやすく、再生しにくいので、着生ランに比べて特に丁寧に根を扱う必要があるということです。鉢から抜いて古い植え込み材料を取り除く時は慎重に行い、植えつける時も根に負担をかけないように軟らかく植え込みます。

株の増やし方

パフィオを増やす方法は株分けが一般的です。パフィオの芽は葉が４～８枚交互に出て最後に中央から蕾が伸びてその芽は生長を終えます。この単位を篠（しの）と呼び、カトレアなどのバルブに相当します。株分けする際は３～４篠を１株として分けますので、パフィオの株分けは篠数が十分増えて大きくなってからにしましょう。

株分け時の注意点は、分けようとする株の下に根が３本以上あるか確認をしてから分けることです。

大株作りにチャレンジ

パフィオの大株作りは全体的に難しいといえます。それは新芽があまり数多く出なかったり、葉が２～３年で枯れてしまう事が多いので、上手く大株になりにくいのです。特に整形花タイプやミニタイプには難しい品種が多くあります。パフィオの大株作りに初めてチャレンジするのでしたら、芽吹きの良い筋花タイプと葉が枯れにくい多花性タイプが良いでしょう。

基本５属の性質と育て方
デンドロビウム

デンドロビウム（以下デンドロ）の魅力

日本で洋ランを栽培する場合、デンドロは最も栽培しやすい洋ランと言えます。それは、丈夫さ、耐寒性、春暖かくなった時に咲く開花期など、日本の気候に合った性質を持っているからです。また、デンドロは種類が豊富で世界に広く分布しているため、色、形、大きさ、香りなど多彩な魅力がありますが、中には日本の寒さや暑さに弱い種類もありますので、ここでは日本の気候にあった育てやすい一般的なデンドロの育て方を紹介します。

ノビルタイプ

デンドロの代表格で長年広く栽培されています。長いバルブの左右に２～３輪ずつ可愛い花を着ける春咲きの丈夫なデンドロです。日本にも古くからセッコクとして親しまれていたミニタイプの白い花が自生していて、この血を入れたミニタイプも色彩が豊富になってきています。

キンギアナムタイプ

このタイプは細く伸びたバルブの上部に葉を数枚付け葉の間から花芽を上に伸ばし、スズランのように小花を咲かせる丈夫なデンドロです。また、性質は似ていますが、バルブがカトレアのように太く大きいスペシオサムという種類もあるので、これらの交配により株のサイズはミニから大型までいろいろあり、丈夫で良い香りを放つ品種も多いので人気があります。

他にも茎の上部にまとまって白い花が咲くフォーミディブルタイプや茎の上部から長い茎を伸ばして沢山の花を咲かせるデンファレタイプなどがありますが、これらのタイプは栽培温度が高い性質ですので、ノビルタイプなどと同じ栽培ではうまく育ちません。これらのタイプはカトレアの栽培法に準じて育てます。

デンドロの育ち方の特性

デンドロは東南アジアを中心に、北は日本、西はインド西部、南東部はニューギニアからオーストラリア北部という広い範囲に自生しています。現地では標高1000～1500 mの高冷地で樹木に根を張り着生しています。このことから、デンドロの自生地の環境は雨季と乾季があり、1年の中で気温差があることがうかがえます。日本でのデンドロの生育は、春から秋口まで新芽が生長をして、気温が低い秋から冬は休眠し、春の開花期を迎えます。デンドロ栽

ノビルタイプ

キンギアナムタイプ

培の最も大きなポイントは、秋に3つの要素があります。根を乾かすこと、低温にあてること、日によく当てることです。これにより花芽が形成されるので、デンドロは秋の過ごし方が、春の開花に大きく影響します。

新芽。株元からタケノコのように伸びる。

デンドロの生育パターン

デンドロは基本的に春から新芽を伸ばし始め、夏を中心に生長をして、秋に生長の終わりを迎え伸びきった芽が太り始めます。この太った茎をバルブと呼びます。

デンドロの咲き方には他の洋ランにはない特別な性質があります。例えば、今年の春に新芽が伸びて秋にバルブが完成した場合、翌春花が咲くのは今年延びたバルブから咲くわけではないということです。では、どこから咲くのでしょうか。実はデンドロは新しくできたバルブから咲くのではなく、その前年に出来ていた1年古いバルブから咲きます。また嬉しい事に1本のバルブから2～3年咲くことも良くあります。ですから今年の育ちがよくてもその成果は翌春ではなく翌々春に現れ良く咲いてくれるということです。また、デンドロの葉は1年経つと秋から冬にかけて枯れ落ちる性質があるので、秋から冬の落葉は心配ありません。

ノビルタイプは葉が落ちた1年前のバルブから開花することが多い。

置き場所
日の当て方

デンドロは洋ランの中では日を好むタイプで、日が弱かったり、日照時間が短すぎたりすると株は育っても花が咲かない場合があります。デンドロの日の当て方は、冬は室内でガラス越しの日が当たるところに置き、春になり外気の最低気温が10℃位になってきたら戸外で直射日光が当たるところに置きます。戸外に出す時の注意点は、いきなり快晴の強い日には当てず、曇りの日に出し、徐々に直射日光に慣らすことです。室内であまり日が当たらない所で過ごした株をいきなり強光にさらすと葉が焼けてしまいます。梅雨明けから真夏は30～50%の遮光ネットなどを掛け暑さを凌ぎます。木陰に吊るす場合は、あまり暗すぎない場所を選びます。秋の彼岸が過ぎた頃からは直射日光に当て、バルブの完成を促し、花芽が形成しやすくします。その後、最低気温が5℃位になってきたら室内に取り込みガラス越しの日が当たるところに置きます。

温度

デンドロは1年を通してあまり温度を気にすることなく栽培できる洋ランです。ただし、冬は室内に置き凍結しないようにします。寒さに強いデンドロでも霜に当てたり、零下では枯れてしまうことがあります。

デンドロは新芽を育てる時ではなく、花芽を形成する時に温度が重要なポイントになります。それは秋にバルブが太り完成してから低温に当てないと花芽が形成されにくい性質をデンドロが持っているということです。室内に取り込むタイミングは最低気温が5℃位になってきたころです。デンドロは晩秋から冬にかけて温度が高いと花芽を作らずに開花しなくなります。

風通し

デンドロは木に着生しているので、風通しは欠かせません。特に夏場は木に吊り下げたり、棚に置く場合も地面から高くして通風を図ることで、デンドロのご機嫌を取り、のびのび育てましょう。

水やり

デンドロの水やりは新芽が生長してバルブが完成する春から秋口までは多めに与えますが、秋から冬は花芽形成のために水は控え、また花芽が膨らみ始めたら開花まで多めに与えるという流れになります。水やりの目安は春から秋口までは2～3日に1度たっぷり与えますが、気温が下がりバルブが完成した頃から少なくし、11月中は1ヶ月水を切り乾かして花芽形成を促します。冬は花芽がない場合は7～10日に1度与えます。戸外に置いてる時は、春から

戸外栽培の様子。

花芽。茎の節から花芽が出る。

秋口までは雨に当てますが、秋から乾かす時期は雨が当たらない、日が良く当たる所に置きます。

肥料

デンドロの場合肥料を与える期間は4～7月末までにします。8月以降秋まで肥料を与え続けると、本来花芽が出るところから新芽が伸び始め、株は良く育ちますが咲かなくなってしまいます。この芽を高芽と呼び、子供を増やすにはいいですが、放って置くと株が乱れ咲きにくくなるので、夏以降肥料は与えません。

肥料の目安は液肥を週に一度、置肥は月に一度です。

病害虫

デンドロにはあまり害虫はつきませんが、ナメクジの食害が多く、つぼみは勿論ですが、春に新芽が伸び始めたときにナメクジが食害し生長の出鼻を挫かれますので、殺ナメクジ剤を鉢の周りに置いておきます。

バルブの元から出る新根。

デンドロの病気は葉に黒い斑点が出る黒点病などが時々出ますので、戸外に出した時と取り込む前に予防として殺菌剤を散布しておきます。

植え替え

デンドロは水苔で素焼き鉢に植えるか、木の皮をチップ状にしたバークと軽石を混ぜたミックスコンポストでプラスチック鉢に植えて育てるのが一般的です。

植え替えの適期は春に新芽が伸び始めた頃ですが、株元がぐら付き、根が傷んでいるようでしたら秋に植え替えします。水苔植えの場合は2年に1回、バーク類などで植えられている場合は3年に1回を目途に行います。デンドロの新芽は小さい時は柔らかく傷つきやすいので、作業中に指で押しつぶさないように気をつけます。デンドロは着生ランなので、植え替えをした後は10日から2週間、鉢を乾かして植え替え作業で傷んだ根を癒し発根を促します。

株の増やし方

デンドロの増やし方は二つの方法があります。一つは株分けで、バルブを3本以上付けた株を1株として分けます。もう一つは、高芽が出た場合暫く生長させて高芽の下から根が3本以上出てきたら親から離し増やすことが出来ます。ただし、高芽が出ることは、親株にとってはあまり好ましい状態ではないので、特に増やす目的がない場合は、根が出る前に高芽は取った方がいいでしょう。

大株作りにチャレンジ

デンドロの株を大きくすることは比較的楽ですが、大株に見合うだけの沢山の花を一斉に咲かせることは難しいかもしれません。ポイントは、翌春咲く昨年出来たバルブの葉一枚一枚に日が良く当たるようにバルブを少し倒して広げておくことです。あとは次に記す咲かせるポイントをしっかり実行してください。

花を咲かせるための大切なポイント

花を咲かせるためには株をしっかり育てることが基本ですが、デンドロには以下の大切なポイントがあります。

●肥料は7月末まで
●秋の彼岸が過ぎた頃から直射日光を当てる
●11月は1ヶ月水を与えず根を乾かす
●戸外の最低気温が5℃位になるまで低温に当てる
●つぼみが膨らむときは水を多く与える

難しいように思えますが、大切なことは秋になったら日が良く当るところに置き、11月は日が良く当り、雨が当らない所で5℃に下がるまで何もしないということです。

セッコクの血を引くミニタイプのデンドロ。

デンドロビウムの植え替え

小さめの鉢に多くの株を生育させた方が花がよく咲くと言われている。
株分けする場合、３バルブ以上を１株として、葉の落ちた古いバルブはしばらくそのまま残しておく。

① 作業中に茎を折らないよう注意する。

② 根を整理。古いバルブはそのままに。

③ 新しい根に気をつけ、植込み材を落とす。

④ 湿らせた水苔で包み鉢に植え替える。

パフィオペディルムの植え替え

パフィオの根には毛根があり痛めないようにする。
株分けする場合はそれぞれの株につく根をよく見極めて分ける。植え替える鉢は１まわり程大きく。鉢の大きさに気を配る。

水苔の場合

① 作業中に根を折らないよう注意する。

② 新しい根に気をつけ、植込み材を落とす。

③ 黄色くなった葉は取り除く。

④湿らせた水苔で包み鉢に植え替える。

バークと軽石の場合

① 古い鉢から出した状態。

② 新根を傷めないようにバーク等を落とす。

③ 腐った根を切り落とす。

④ 株のまわりにバークと軽石を混ぜたものを入れる。

基本５属の性質と育て方
ファレノプシス

ファレノプシス（以下こちょうらん）の魅力

「ラン」と言えばまず最初に思い浮かぶのがこちょうらんなのではないでしょうか。それほど親しまれているのも、優雅に咲く姿を見れば納得がいきます。近年開花生理が明らかになってからは、開花調整が容易になり１年中店頭で見かけるようになりました。また、条件が良いと２ヶ月ほど花が咲いていることもお祝いの鉢花として重宝されるようになった要因として大きいでしょう。また、最近ではミニタイプの種類が豊富になり、手頃な価格で入手できるようになったため広く普及しています。

家庭栽培では春が開花期の中心ですが、意外とうまく育たないという声も多く聞きます。魅力ある花を咲かせるために、他の洋ランとどこが違うのか、その性質を探ってみましょう。

こちょうらんの育ち方の特性

こちょうらんの育ち方はシンビやカトレアなどと大きな違いがあります。まず、生長する方向が上方でシンビなどのように横から新芽が伸びず、バルブがありません。また、こちょうらんの原産地は東南アジアを中心とした熱帯、亜熱帯の標高が低い地域で、樹木に着生しているので、こちょうらんは、洋ランの中ではかなり高温を好むタイプといえます。うまく育たない大きな原因のひとつが寒さです。冬は出来るだけ暖かくしてあげることが重要になります。こちょうらんの栽培に意外に適しているのがマンションの様なビル構造の建物です。冬は冷えにくく、さほど日光を必要としないので、マンション向きの洋ランと言えます。

種類が豊富なミニタイプのこちょうらん。

こちょうらんの生育パターン

このランは春から秋にかけて、株の中央から新葉を交互に出して生育するタイプで基本的に１株のまま生長を続けるので、残念なことに株はあまり増えません。同様のタイプとしてはバンダやアングレカムなどがあります。こちょうらんの葉は栽培条件により１年間で、２～４枚ほど出てきます。２枚以上出ると花が咲きやすくなります。家庭栽培では、花芽は葉の付け根の横から秋の終わりころ伸び始め、春ころ開花します。

置き場所
日の当て方

こちょうらんは他の洋ランと比べて、あまり強い光を必要としません。弱い光を５～６時間当てると花芽が出来やすくなります。室内に置く秋から春は、レースのカーテン越しの光に当て、夏は戸外の風通しよいところに置き、薄日（70 ～ 80％遮光）を当てます。光が強く、風がない状態ですと葉が焼けてしまうことがあります。

温度

こちょうらんは洋ランの中では高温を好むタイプです。もちろん夏の暑さは問題ありませんが、冬は苦手で、明け方の最低温度が 10 ～ 15℃くらいは保てないとうまく育ち開花に至りません。ひと冬を最低温度が５℃以下の所に置いておくとほとんどの株が溶けたり、枯れてしまいます。せめて夜だけでも部屋の中央や暖かい部屋に移動したり、箱などを被せるなどして、暖かくしてあげてください。スペースがあれば室内フレームなどを用意して加温する方法もあります。

まずは、こちょうらんの傍に最高最低温度計を用意してその場所の温度変化を確認することが大切です。

風通し

こちょうらんは木の高い所に根を張り着生しています。ときには地上から 20 ～ 30 メートルの高い所に着生していることもあります。このことからこのランは高所で吹いている風を好むことが推測できます。特に夏は戸外に出し、風通しがよい場所に置くか吊るすとご機嫌です。

水やり

こちょうらんの水やりの基本は、最低温度が 15 度以上ある春から秋の新葉が伸びる時期は、植え込み材料が乾いたら直ぐにたっぷり与えますが、冬は置き場所の最低温度が 15 度以上ある場合は、植え込み材料が乾いてから１、２日後にたっぷり与え、やむを得ず10度前後の低温で栽培する場合は、植え込み材料が乾いてから4、5日後に通常の半分くらいを与えます。

こちょうらんの根は、木に張りついているため、根が空気に触れていることを好むので、植え込み材料が常に濡れていると根腐れを起こしやすくなります。特に温度が低い時は注意が必要です。

肥料

こちょうらんに肥料を与える時期は、最低温度が15度以上ある春から秋口までですが、この時株の上部から新葉が伸び始めて、生長しているときに与えます。

気温の低い冬は休眠期ですので肥料は与えません。

与え方は、置肥の場合少なめに規定量の半分位を与え液肥は規定量を上記の期間に新葉の生長に合わせて与えます。もし、肥料を与えても葉につやがなかったり、葉が垂れたままで株に元気がない場合は根が弱っていますので、1ヶ月ほど肥料は与えず水だけで管理します。

病害虫

こちょうらんは新葉、花芽、新根がとても柔らかいのでナメクジの格好のえさになります。何れも大切な部分ですので、時折殺ナメクジ剤を撒いたり、夜に株周りを点検して夜行性のナメクジを捕獲しましょう。

このランに良く発生する病気は、葉の付け根から溶けるように腐る軟腐病です。この病気は葉の付け根に水が溜まり続けたり、風通しが悪い場合に発生します。対処法は、まず腐った部分を取り除き、10日ほど水を与えず乾かしてからマイシン系の殺菌剤を散布します。

ファレノプシス（こちょうらん）の植え替え

植え替える鉢は一回りだけ大きくする。小さめの鉢の方がよく育つと言われている。
バークで植える場合は整理した株を新しい鉢に入れ周りに植込み材を入れていく。

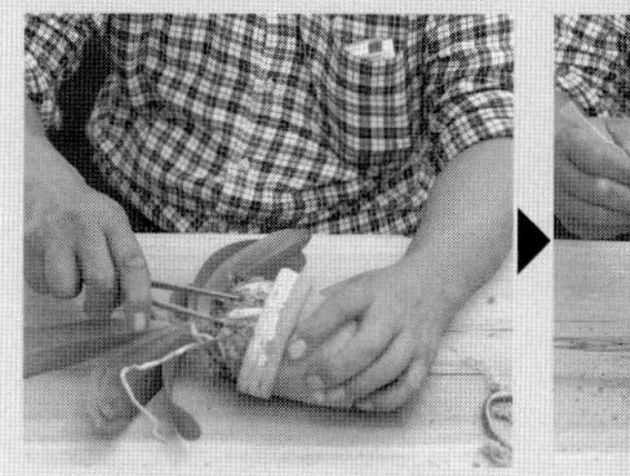

① ピンセットなどで鉢から出す。

② 古い水苔をピンセットで取りだす。

③ 棒状になった古い茎を切る。

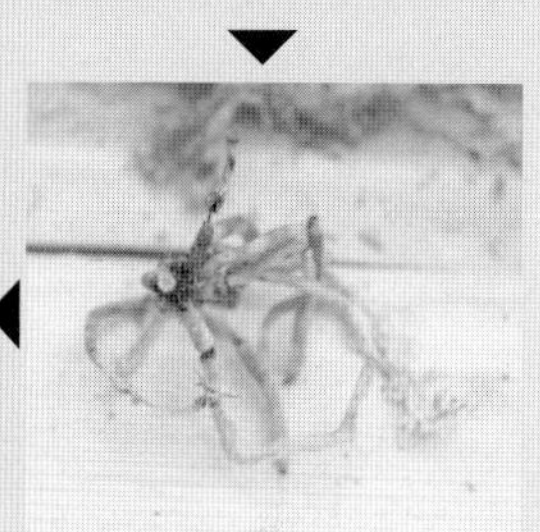

④ 切り取った古い茎と根。

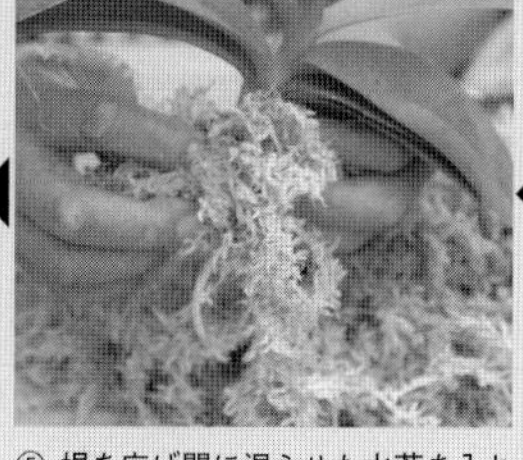

⑤ 根を広げ間に湿らせた水苔を入れる。全体を包むようにする。

⑥ 多めの水苔を押しこむように鉢の中央にに植える。

植え替え

家庭栽培では素焼鉢に水苔で植える場合が一般的ですが、水を与え過ぎなければプラスチック鉢に水苔やバーク（木の皮をチップ状にしたもの）で植えても栽培できます。水苔植えの場合は2年に一度、バーク植えの場合は2～3年に一度植え替えをします。

植え替え時期は、春の3～5月までの間に、置き場所の最低温度が15度以上になってから行います。

植え替えるときの注意点は、できるだけ根を広げて植えること、植え終わったときに株元がぐらつかないように植えること、鉢のサイズは株の大きさで決めずに、根が収まるように根の量に合わせて決めることです。

株の増やし方

こちょうらんはひとつの茎で上方にしか生長せず、基本的にはわき芽が出ないので、株を増やすことはできません。稀にわき芽が出やすい個体があるので、もしわき芽が出たら分けずにそのまま大切にして育ててください。

また、こちょうらんの特性として、花を充分観賞してから花茎にある節を3～4節残して切ると残した節から花芽が伸び二度開花します。極稀にこの節から子供が出ることがありますが、この場合は、3cm程の根が3本伸びてから切り離すと株が増えます。　　　　　（第3章 小島研二）

新芽。株の中央から伸びる新芽にあたる新しい葉。左右交互に伸びてくる。

終わりに

気がつけば、ラン栽培を始めてから30年近い歳月が流れました。時々、ランの何が私を惹きつけたのかという質問を受けますが、その答えを明らかにすることは容易ではありません。いろいろと考えてみますが、素晴らしいランの仲間が身近にあったから続けてきたという結論以外に見当たらないのです。生来の引っ込み思案な性格と、現在では「過重労働」と言われる職場環境とが相まって、当初は一人で洋ランを栽培し、愛好会への入会には５年を要しました。ところが入会してみると、素晴らしいグリーンハンドの持ち主が何人もいて、技術向上への刺激を受けただけでなく、会員それぞれが専門分野を持って、折あるごとに助け合う様子に、衝撃に似た強い印象を受けました。

例えば、世界らん展日本大賞には愛好会単位でエントリーする、ディスプレイ審査部門というカテゴリーがあります。準備作業の中で、各々のメンバーが木工や美術などの素晴らしい技量を発揮する様子を見て、自分がこれまでいかに狭い世界の中で暮らしてきたかを痛感しました。それ以降、例会に参加して話をすることが何倍も楽しくなりました。こうした経験から、一人でも多くの方にラン好きの仲間に入っていただきたいと考えて、本書の上梓を決意しました。

ランを好きになるには、元気に育って花を咲かせてもらうことが一番です。どうしたら成功体験を実感していただけるかと考えて第１章を組み立てました。まず、私の成功例を教材として、ランの反応を捉えるコツを示しました。また、私が追求してきた大株作りや、育種そして国際交流など、趣味家としてランを楽しむ方法を紹介しました。続いて、私の基本的な栽培方法、つまり診療パターンを応用したランの栽培方法について、詳しく説明しました。診察、診断、治療そして記録というプロセスは人間だけでなく、ランに対しても有効な方法だと思います。本章では、講演記録の整理を中心に、皆川有美氏にたいへんお世話になりました。ありがとうございました。

ランは一年中、何某かの花が咲いています。生活に密着し、潤いや刺激を与えてくれる、私にとってなくてはならないものです。私は2009年から、「にぎやか談話室」という雑誌に、ランにまつわる簡単なエッセイを寄稿してきました。その中から、ランの花が持つ季節感、愛おしさや楽しみ方などを知っていただくために重要だと思われるエピソードを再編集し、第２章に転載しました。出版をご快諾いただいた同誌編集人の荒井章治氏に、この場を借りて厚くお礼を申し上げます。

いただいたコチョウランを枯らしたくないという、素朴な気持ちからラン栽培を始めた私は、まず栽培解説書を探しました。手当たり次第に買い求め、ようやく巡り合った、納得できる栽培解説書の著者が小島研二氏です。例えばカトレアの解説の中で、「カトレアの株の向きは、新芽が出ている親バルブの葉に良く日が当たるように置きます。その後新芽の葉が展開しシースが見えてきたら、今度は新しい葉に良く日が当たるように調整すると花着きも良くなります。」という部分を読んだ時には、長年の溜飲が下がったように感じました。第３章をまとめてくださった小島研二氏には敬意と感謝をお伝えしたいと思います。

本書の準備にあたって、その他にも多くの方にご協力を仰ぎました。特に画像データに関して、全日本蘭協会の武井直義氏とつくば洋蘭会の岩渕正伊氏をはじめとする、多数の方からデータ使用のご許可をいただきました。この場を借りて、皆様に厚く御礼申し上げますと同時に、一部を除いて、お名前を掲載できなかったことをお詫びいたします。ご多忙の中、こちらの度重なる注文に応じて、すばらしいイラストを提供してくださった大蔵敦久氏にも、心から感謝しております。構想から６年という長期間、融通の利かない私に付き合ってなんとか出版に導いてくださった、草土出版の白澤照司社長と担当の大橋　緑様にもお詫びと感謝の意を表します。

本文をお読みくださった皆様は、薄々感じていらっしゃると思いますが、これまで嫌な顔一つ見せず、常に笑顔でいてくれた妻のおかげで、私はラン栽培を続けてこられました。口に出すことが苦手な私に、この場を借りて、妻容子に深甚なる感謝を表明することをお許しください。

長年ランを栽培してきた私でも、自分の知識や経験があまりにも少ないことを、しばしば痛感させられます。それくらいランは種類が多く、様々な栽培方法で楽しめる植物です。ラン展や審査にこだわる必要もありません。私の仲間には、温室なしできれいなランを咲かせ、心から楽しんでいらっしゃる方がたくさんいますし、往診に伺った日本家屋の土間で咲くミニカトレアに、ハッとさせられたこともありました。この本をご覧くださった皆様に心から感謝を申し上げるとともに、皆様お一人お一人が心の琴線に触れるランに巡り合い、満足のいく栽培方法にたどり着けることを祈念しております。

「ラン」という共通言語を使う、植物好きの仲間がもっともっと増えることを心から願って、稿を終えることにします。

斉藤 正博

付録資料

ランの名前や審査記録の書き方

ランは世界中で愛され、原種の名前や交配種名の登録、絶滅危惧種を保護するための条約など、ほぼ世界共通です。個人的に楽しむだけなら、必ずしも難しい知識や記録は必要ありませんが、ラン展などに出品する場合や審査を受ける場合には、正式な名前が必要になります。ランは原種だけで3万種以上、交配種はさらに多く、花を見てその場で名前がわかるものではありません。正式名や審査の記録を書いたラベルを鉢に挿しておくか、細い針金などで株にくくりつけておく習慣をつけましょう。ランを入手する際には、ラベルがついていることを確認するとともに、植え替えや株分けの際には紛失しやすいので、注意が必要です。株分けしたときには自分でラベルを複製します。

原種の名前について

正式な自然植物の名前は、国際植物命名規約に基づいて、属名と種小名をラテン語形式で列記し、命名者名を付記する二名法によって表記されます。ランは比較的厳格に正式名が使用される植物の一つですが、通常命名者名は省略されます。分類学の進歩などにより、名前は時々変更になる場合があります。現在有効な属名や種小名は、英国のキュー王立植物園のホームページで検索できます。アドレスは http://wcsp.science.kew.org です。

属名の頭文字は大文字、種小名の頭文字は小文字と決まっていて、ともにイタリック体で記載します。属名は長いものが多いため、大部分が略称を使うことを認められていて、インターネットで検索できます。
(https://www.rhs.org.uk/plants/pdfs/plant-registration-forms/orchid-name-abbreviations-list.pdf)

さらに説明が必要な場合には var.（変種名）や fma.（品種名）なども併用される場合がありますが、詳細は専門書をご参照ください。園芸の世界ではさらに、他人の持ち物と区別する必要が発生するので、' ' で括って園芸品種名を記載することがしばしば行われます。園芸品種名はローマン体で記載します。

例 *Cattleya maxima* fma. *coerulea* 'Mädchen' = *C. maxima* fma. *coerulea* 'Mädchen'
：　：　：　：
属名　種小名　品種名　園芸品種名

交配種　その登録と記載について

ランの交配種名については、国際園芸品種登録機関から指定を受けた、英国王立園芸協会の蘭登録官が登録申請を受け付け、受理したものが「サンダースリスト」として発行されてきました。現在は登録も検索も、インターネット経由で可能になり、大変便利です。
登録 https://www.rhs.org.uk/plants/plantsmanship/plant-registration/orchid-hybrid-registration
検索 http://apps.rhs.org.uk/horticulturaldatabase/orchidregister/orchidregister.asp

この交配種名登録は、育成者権を取得するために国内外で行われる品種登録制度とは関係がありません。あくまでも命名権しかありませんのでご注意ください。

基本的な表記の仕方は原種と同じですが、種小名が交配種名に替わり、交配種名は大文字で始まり、ローマン体という約束です。変種名や品種名は使えませんが、園芸品種名は使えます。カッコ内に両親を記載しておくこともしばしば行われます。

例 *Paphiopedilum* Randy Booth 'Toki'　(Lady Isabel × *randsii*)
：　：　：　：　：
属名　交配種名　園芸品種名　種子親名　花粉親名

入賞記録の表示方法

入賞記録は本や文書に記載するだけでなく、しばしばラベルにも記録されます。書き方には一定の規則があり、属名、種名、個体名などの最後に賞名／授賞団体名（略称）の形で記入します。CCM（栽培賞）および洋ラン展などで寄せ集めの審査員が行った審査の入賞記録は、原則的に記載できません。

例 *Rhyncholaelia digbyana* 'Sleeping Beauty' AM/AJOS
：　：　：　：
属名　種小名　園芸品種名　入賞記録

花の審査について　（表１参照）

優秀花や優れた栽培に対する認定を行うことによって、花を観賞する際の要点や栽培技術の理解を深める目的で、審査が行われます。審査規定や研修プログラムを整備し、長い時間をかけて育成された審査員が審査を行う場合と、洋ラン展などの際に各方面からの代表者が集合して審査を行う場合とがあります。審査によって認定される賞には多くの種類がありますし、組織によっても異なります。ランに与えられる賞の種類と審査内容を、国内と海外の代表的な組織について比較したものを表１に示します。また、審査を行う主要な団体や組織を表2にまとめました。

ランに与えられる賞の種類と審査内容　表１

略称	賞の正式名称	審査内容	主な授賞団体（表２参照）
1. 花の質に対する表彰（基本的には優秀花の基準に従い、採点方式で審査）			
FCC	First Class Certificate	90～100点　＊RHSは点数審査なし	RHS*, AOS, AJOS, JOS
GM	Gold Medal	90～100点	JOGA, TOGA
AM	Award of Merit	80～89点　＊RHSは点数審査なし	RHS*, AOS, AJOS, JOS
SSM	Superior Silver Medal	85～89点	JOGA
SM	Silver Medal	80～89点　＊JOGAは80～84点のみ	JOGA*, TOGA
HCC	Highly Commended Certificate	75～79点	AOS, AJOS, JOS
SBM	Superior Bronze Medal	78～79点	JOGA
BM	Bronze Medal	75～79点　＊JOGAは75～77点のみ	JOGA*, TOGA
PC	Preliminary Commendation	入賞ではないが、将来有望な個体	RHS
JC	Judges' Commendation	入賞ではないが、特筆すべき特徴を有する個体	AOS, JOGA, JOS, TOGA
AF	Award of Feature	入賞ではないが、特筆すべき特徴を有する個体	AJOS
SQ	Certificate of Superior Quality	営利的に優れた特性を有する個体	JOGA
2. 交配の表彰			
AD	Award of Distinction	新たな方向を示すと特に認められる交配	AOS, AJOS, TOGA
AQ	Award of Quality	質的に特に優れた改良を示す交配	AOS, AJOS, JOGA, TOGA
3. 原種あるいは自然交雑種の表彰			
CBM	Certificate of Botanical Merit	今まで見られなかった特徴を有する原種とその変種あるいは自然交配種	AJOS
BC	Botanical Certificate	希少な原種、あるいはその中の優れた個体	JOS
CBR	Certificate of Botanical Recognition	原種あるいは自然交配種で、植物学上特に希少な個体	AOS, JOGA, TOGA
CHM	Certificate of Horticultural Merit	原種あるいは自然交配種で、園芸上優れた特色を持つ個体	AOS, JOGA, TOGA
4. 栽培者に対する表彰			
CCC	Certificate of Cultural Commendation	特に優れた栽培をした出品者	RHS
CCM	Certificate of Cultural Merit	特に優れた栽培をした出品者　80点以上 ＊AOSとTOGAは80～89点のみ	AOS*, AJOS, JOGA, JOS, TOGA*
CCE	Certificate of Cultural Excellence	特に優れた栽培をした出品者　90点以上	AOS, TOGA

主なランの授賞審査団体・略称（国内・海外）　表２

授賞団体の和名	授賞団体の英名	略称
世界らん展日本大賞	Japan Grand Prix	JGP
全日本蘭協会	All Japan Orchid Society	AJOS
日本洋蘭農業協同組合	Japan Orchid Growers Association	JOGA
日本・蘭協会	Japan Orchid Society	JOS
世界ラン会議	World Orchid Conference	WOC
英国王立園芸協会	Royal Horticultural Society	RHS
アメリカ蘭協会	American Orchid Society	AOS
アメリカ・シンビジウム協会	Cymbidium Society of America	CSA
台灣蘭花產銷發展協會	Taiwan Orchid Growers Association	TOGA

育てて愉しい蘭（ラン）の本

花ひらいたランが輝く斉藤正博の栽培スタイル

2020 年 1 月 10 日　初版第 1 刷 発行
定価／本体 3,000 円＋税

著　者　斉藤 正博
・
小島 研二

発行人　白澤照司
発行所　株式会社 草土出版
東京都豊島区高田 3-5-5
ロイヤルパーク高田 206
TEL03-6914-2995　FAX03-6914-2994

制　作　有限会社 J-ART
東京都新宿区下落合 1-1-1
TEL03-3367-2059　FAX03-3367-2016

発売元　株式会社 星雲社（共同出版社・流通責任出版社）
東京都文京区水道 1-3-30
TEL03-3868-3275　FAX03-3868-6588

協　力　皆川有美　荒井章治
イラスト　大蔵敦久

印　刷　株式会社　博文社

ISBN978-4-434-22850-6　C2077